DEDICACES

A ma mère

Pour tout cet amour, cette attention, ces encouragements, cette permanente présence. Aucun mot ne saurait traduire ma reconnaissance. Que Dieu te comble de sa grâce.

A mon père

Pour toute l'éducation que tu m'as donnée, tu as toujours été soucieux de mon avenir. Tu as toujours fait preuve de compréhension et d'attention à mon égard. Merci de croire en moi. Que Dieu te bénisse et te donne longue vie.

A ma grande famille

(Celles de mon père et de ma mère)

A tous mes amis

Et finalement

A tous ceux qui me sont chers

Ils se reconnaîtront à travers ces lignes.

REMERCIEMENTS

Je remercie Dieu avant tout.

Au terme de ce travail, je tiens à remercier toutes les personnes qui ont contribué à la réussite du projet et qui n'ont pas ménagé leurs efforts pour me soutenir à tous les niveaux.

Je tiens à remercier en premier lieu mon encadrant M. **Said NAJAH** pour ses précieux conseils, ses directives et sa totale disponibilité pour me soutenir durant toute la période de mon projet.

Je tiens à remercier également les cadres de la société IT6 Consulting pour leur assistance et leur disponibilité lors de la réalisation de ce projet, Je remercie en particulier M. le Directeur **Hicham El ACHGAR** qui m'a donné l'opportunité de mettre en pratique toutes mes compétences, ainsi qu'un spécial remerciement à Mlle. **Fatima Ezzahra NAAMANE** qui m'a encadré durant toutes les phases du projet.

Je remercie également M. **Younes RABAA** et **Brahim BOULAFDOUR** de leurs précieux conseils et directives. Ainsi que M. **Tarik SERRAKH** et M. **Salim MIHRAJ** de leurs assistances.

Je voudrais faire part de ma gratitude à l'ensemble du personnel d'IT6 Consulting pour leur amabilité et la bonne ambiance qu'ils ont fait régner durant la période de mon projet.

Je remercie également tous les membres du jury d'avoir accepté d'évaluer mon travail.

Enfin je remercie tous ceux qui m'ont soutenus et assistés d'une manière ou d'une autre.

Merci à tous...

AVANT-PROPOS

Le présent travail a été effectué dans le cadre de mon projet de fin d'études au sein de la société **IT6 Consulting** sise à **Rabat-Maroc**.

Ce projet a pour objectif de répondre à un appel d'offre de la part de la société **Microsoft** qui cherche des idées originales, innovantes et créatives de projet de développement mobile qui sera commercialisé par ladite société dans le marché des applications mobiles *Google Play store* (*Android Market* anciennement).

Après une étude de marché des applications mobiles, on est abouti à deux idées de projets, la première était le développement d'une application pour la gestion des offres des stages et d'emplois sous forme d'un réseau professionnel à la manière de Twitter, et la deuxième est celle du développement d'une application mobile qui fait le sujet de mon rapport ; c'est une application pour la gestion des voitures, les deux idées innovantes ont été soumises au **Microsoft** avec un prototype de base pour chacune, le choix était l'intitulé de ma mémoire de fin d'études. Donc on a reçu le feu vert pour commencer le développement du projet.

Cette application embarquera sur un terminal mobile fortement communicant (communication 3G, 4G, 5G et Wifi).

La réalisation de cette application se basera sur la plateforme Android de Google.

Cette application doit offrir une interface graphique qui permet l'accès facile aux fonctionnalités de base.

Ces fonctionnalités de base sont : la possibilité de consulter une base de données distante, d'interroger et d'afficher graphiquement les données contenues dans celle-ci, l'application doit être capable de chercher les mises à jour disponibles et les afficher, elle doit aussi consulter et chercher dans le web toutes les nouveautés dans le monde de l'automobile et afficher les informations dont on a besoin…

Concernant l'administration de la base de données sise dans un serveur distant, on a développé une interface graphique séparée de l'application, à l'aide des langages spécifiques pour l'interrogation et la gestion des bases de données distantes, facile pour qu'un opérateur puisse interroger la base de données d'une manière automatique.

RESUME

De nos jours, nous vivons dans un monde de plus en plus dynamique, caractérisé par des changements rapides dans tous les domaines et sur tous les niveaux, en particulier dans le secteur des nouvelles technologies de l'information et de la communication.

La nécessité d'un système évolutif qui répond à des critères de mobilité et de rapidité en termes de la consultation de l'information avec des petits bijoux très réactifs, est devenue cruciale.

Les professionnels cherchent des vecteurs de communication très puissants leurs permettant d'augmenter la visibilité et l'accessibilité de leurs produits et d'atteindre de nouveaux prospects : les mobinautes ; ce sont des nouvelles cibles dans l'action marketing des entreprises.

Développer une application mobile permet de proposer à ces utilisateurs la possibilité de consulter le contenu avec un format optimisé pour leurs terminaux, c'est à dire proposant une ergonomie de grande qualité.

De ce fait, nous nous trouvons dans l'obligation d'intégrer cet environnement évolutif, d'où l'idée de concevoir et de réaliser une application mobile sur la plateforme Android pour la gestion des voitures.

Mots clés

Application Android, service web, XML, base de données, serveur, client, communication, DOM, flux RSS.

TABLE DES MATIERES

Dédicaces 1

Remerciements 2

Avant-propos 3

Résumé 5

Table des matières 6

Liste des figures 10

Liste des abréviations 12

Introduction générale 13

Chapitre I 16

   La Technologie Android 16

      Introduction 17

      1.1. Fiche technique Android 17

      1.2. Origine 17

      1.3. La philosophie et les avantages d'Android 19

      1.4. Les difficultés du développement pour des systèmes embarqués 20

      1.5. Les outils d'Android 22

         1.5.1. Le JDK : Java Development Kit 22

         1.5.2. Le SDK Manager d'Android 22

         1.5.3. L'IDE Eclipse 24

         1.5.4. La vue DDMS 26

1.5.5. Le LogCat 27

1.5.6. L'émulateur AVD 28

1.6. L'architecture Android 28

1.6.1. Le noyau Linux 29

1.6.2. Les bibliothèques pour Android 30

1.6.3. Le moteur d'exécution Android 30

1.6.4. Les Framework pour les applications 31

1.6.5. Les applications 32

1.6.5.1. Définition d'une activité 32

1.6.5.2. Cycle de vie d'une activité 33

1.7. Problématique du projet 36

Conclusion 37

Chapitre II 38

Analyse et Conception 38

Introduction 39

2.1. Cycle du développement 39

2.1.1. Phase étude 40

2.1.1.1. Description fonctionnelle du projet 40

a. Expressions des besoins 40

b. La solution proposée 41

2.1.1.2. Description technique 43

a. Développement de l'application 43

i. Côté client Android 43

ii. Côté serveur 43

b. Les étapes à suivre 44

i. Côté serveur 44

ii. Côté client Android 44
2.1.2. Phase initialisation 46
   2.1.2.1. Planning du projet 46
   2.1.2.2. Les outils et les technologies utilisés 46
      a. UML (Unified Modeling Language) 47
      b. Enterprise Architect 48
      c. Balsamiq Studios 48
      d. L'IDE Eclipse 49
      e. PowerAMC 50
      f. PHP 50
      g. DOM : Document Objet Modele 51
      h. EasyPHP 51
      i. EMS SQL Manager pour MySQL 52
2.1.3. Phase conception 53
   2.1.3.1. Modélisation de la partie serveur 53
      a. Le modèle conceptuel de données MCD 53
      b. Le modèle logique de données : MLD 55
      c. L'implémentation de la base de données 56
   2.1.3.2. Le scénario descriptif de l'architecture client/serveur dans notre projet 57
      a. Cas d'utilisation 57
   2.1.3.3. Modélisation de la partie client Android 62
      a. Diagramme de cas d'utilisation 62
      b. Prototypes et diagramme de séquences 63
      c. Diagramme de classes 82
Conclusion 83

Chapitre III 84
    Réalisation de l'Application Android 84
        Introduction 85
        3.1. Présentation générale de l'application Android 85
        3.2. La gestion des exceptions 86
        3.3. Les fonctionnalités de l'application Android 87
            3.3.1. Les fonctionnalités de base 87
            3.3.1. Les services supplémentaires 88
        3.4. Test de l'application Android 91
        Conclusion 102
Conclusion et perspectives 103
Bibliographie et Webographie 105

LISTE DES FIGURES

Figure 1. L'interface d'Android dans sa version 4.0 sur Galaxy Nexus 17
Figure 2. L'Android SDK Manager 23
Figure 3. L'IDE Eclipse 25
Figure 4. La vue DDMS sous Android 27
Figure 5. Le LogCat sous Android 27
Figure 6. L'interface de l'émulateur AVD 28
Figure 7. L'architecture du système Android 29
Figure 8. Les étapes nécessaires à la compilation et à l'exécution d'un programme Android 31
Figure 9. Une activité Android 33
Figure 10. Le cycle de vie d'une activité Android 35
Figure 11. Les phases du projet 39
Figure 12. L'architecture client-serveur 42
Figure 13. Le découpage de l'application 45
Figure 14. Le planning du projet 46
Figure 15. Le modèle conceptuel MCD de la base de données des voitures en utilisant la méthode Merise 54
Figure 16. Le modèle logique de données MLD de la base de données des voitures 56
Figure 17. Le schéma du scénario de communication client Android-serveur 59
Figure 18. L'arbre de données en format XML 60
Figure 19. Le fichier XML de données 61
Figure 20. Le diagramme de séquences de l'architecture client-serveur 62
Figure 21. Le diagramme de cas d'utilisation 63
Figure 22. Le prototype de l'interface d'accueil de l'application 64
Figure 23. Le prototype du Journal de l'auto 66
Figure 24. Le diagramme de séquence du journal de l'auto 67
Figure 25. Le prototype du détail de l'info 67

Figure 26. Le diagramme de séquences du détail de l'info 68
Figure 27. Le prototype des marques 69
Figure 28. Le prototype série de l'interface utilisateur 70
Figure 29. Le diagramme de séquences d'afficher série 71
Figure 30. Le prototype des séries 71
Figure 31. Le diagramme de séquences d'afficher les modèles 72
Figure 32. Le prototype d'afficher les informations sur le modèle 73
Figure 33. Le diagramme de séquences d'afficher les informations d'un modèle 74
Figure 34. Le prototype des options d'un modèle 75
Figure 35. Le diagramme de séquences d'afficher les options d'un modèle 76
Figure 36. Le prototype d'afficher les photos d'un modèle 77
Figure 37. Le diagramme de séquences d'afficher les photos d'un modèle 78
Figure 38. Les photos avec grande taille 78
Figure 39. Le prototype de l'interface des vidéos d'un modèle 79
Figure 40. Lecture d'une vidéo 80
Figure 41. Le diagramme de séquence d'affichage les vidéos d'un modèle 81
Figure 42. Le diagramme de classes 82
Figure 43. Le flux RSS 90
Figure 44. L'interface d'Accueil 91
Figure 45. L'interface Journal Auto 92
Figure 46. L'interface Détail 93
Figure 47. L'interface Marque 94
Figure 48. L'interface Série 95
Figure 49. L'interface Modèle 96
Figure 50. L'interface Info 97
Figure 51. L'interface Option 98
Figure 52. Interface Photos 99
Figure 53. L'interface Photo 100
Figure 54. L'interface Vidéo 101

LISTE DES ABREVIATIONS

3G : 3ème génération des réseaux mobiles
ADB: Android Debug Bridg
ADT: Android Development Tools
API: Application Programming Interface
APK: Android Package
AVD: Android Virtual Device
DDMS: Dalvik Debug Monitor Server
DOM: Document Object Modele
GUI: Graphical User Interface
IDE: Integrated Development Environment
JDK: Java Development Kit
JRE: Java Runtime Environment
OS: Operating System
PHP: Hypertext Preprocessor
RSS: Really Simple Syndication
SDK: Software Development Kit
SGBD: Systèmes de Gestion de Bases de Données
SQL: Structured Query Language
Wifi: Réseau Sans Fil
XML: Extensible Markup Language

INTRODUCTION GENERALE

Les usages de l'utilisation des technologies sont changés, il s'agit de s'adapter à un nouveau phénomène : le mobinaute[1]. Cette nouvelle espèce toujours collée à son Smartphone[2] navigue de plus en plus sur le web via ce petit objet ludique.

Il devrait y avoir en 2014 plus de mobinautes que d'internautes. En France, c'est déjà 15 Millions de personnes.

Développer une application permet de proposer à ces mobinautes la possibilité de consulter le contenu avec un format optimisée pour leurs terminaux, c'est à dire proposant une ergonomie de grande qualité comparée à un site web non optimisé pour un écran de petite taille.

Les applications mobiles sont devenues des vecteurs de communication incontournables pour les professionnels. En effet, ces petits programmes créatifs ou utilitaires permettent aux entreprises d'augmenter la visibilité et l'accessibilité de leurs produits et d'atteindre de nouveaux prospects.

Ce sont des supports à forte valeur ajoutée pour la publicité et l'action marketing de ces entreprises. Ils permettent de faire connaître la marque ou de diffuser des offres promotionnelles via un contenu mobile interactif.

---

[1] Désigne une personne naviguant sur Internet à partir d'un téléphone mobile
[2] Un téléphone intelligent disposant aussi des fonctions d'un assistant numérique personnel, un écran tactile ou d'un clavier. Il fournit de fonctionnalités basiques comme : le calendrier, la navigation sur le web, courrier électronique, de messagerie instantanée, le GPS, etc...

Avant toute chose, il est crucial de vérifier que l'application qu'on souhaite créer n'est pas déjà disponible sur la plateforme d'hébergement de destination (AppStore[3], Google Play). Les critères d'exclusivité, d'originalité et d'innovation sont primordiaux, à l'heure où l'AppStore totalise plus de 650 000[4] applications contre 500 000[5] pour le Google Play.

Nous réalisons alors dans le cadre de ce projet une application sur la plateforme Android de Google, au profit de la société Microsoft ; permettant d'une part d'afficher et d'interroger une base de données distante des voitures, d'autre part on réalisera une partie serveur qui génèrera un flux de données organisées et hiérarchisées afin de l'analyser syntaxiquement avec des classes spécifiques à ce besoin.

Mais avant de se lancer dans le développement, mieux vaut anticiper les difficultés : une application mobile nécessite une réflexion préalable, et plusieurs critères s'appliquent à sa conception. Et pour cette raison le présent rapport est organisé en quatre chapitres qui seront répartis comme suit :

Dans le premier chapitre nous présentons l'organisme d'accueil, en l'occurrence IT6 Consulting.

Dans le deuxième chapitre nous présentons la technologie utilisée, Android, et les outils qui nous ont permis de le manipuler. Et nous finirons par la présentation de la problématique rencontrée.

Le troisième chapitre est formé de trois grandes sections, la première section sera consacrée à l'analyse et l'expression des besoins requis. En deuxième lieu nous donnerons un aperçu sur les concepts de base liés à la solution proposée. Dans la deuxième section, elle s'articulera

---

[3] Le marché des applications mobiles d'Apple
[4] D'après la dernière conférence d'Apple du 11 Juin 2012.
[5] D'après Google (Statistique du Juin 2012).

à la conception et l'implémentation de la base de données MySQL[6] sur le serveur. La troisième section sera consacrée à la conception de l'application sous la plateforme Android.

Le quatrième chapitre détaillera la réalisation de l'application Android développée à l'aide de la technologie Java, puis nous passerons aux tests et l'évaluation des performances de cette application.

---

[6] MySQL est un système de gestion de base de données (SGBD). Selon le type d'application, sa licence est libre ou propriétaire. Il fait partie des logiciels de gestion de base de données les plus utilisés au monde, autant par le grand public (applications web principalement) que par des professionnels, en concurrence avec Oracle, Informix et Microsoft SQL Server.

CHAPITRE I

La Technologie Android

Introduction

La première partie de ce chapitre sera consacrée à la présentation de la plateforme Google Android, son architecture, ses mécanismes, ses avantages, ainsi que tous les outils qui nous permettent de la manipuler, et la deuxième partie va traiter la problématique du projet.

1.1. Fiche technique Android

- Famille : Linux[7]
- Langue : Multilingue
- Type de noyau : Monolithique, (noyau Linux modifié)
- État du projet : En développement
- Langage de programmation : JAVA
- Entreprise /Développeur : Google
- Licence : Licence Apache[8] 2.0 GNU GPL 2
- États des sources : Open source
- Dernière version stable : 4.0.4 (Ice Cream Sandwich) (le 28 mars 2012)
- Dernière version avancée : 4.0.5
- Environnement graphique : Graphique
- Site web: www.android.com

Figure 1. L'interface d'Android dans sa version 4.0 sur Galaxy Nexus

1.2. Origine

---

[7] Système d'exploitation libre et open sources
[8] C'est une licence de logiciel libre et *open source*. Elle est écrite par l'*Apache Software Foundation*, qui l'applique à tous les logiciels qu'elle publie. Il existe plusieurs versions de cette licence (1.0, 1.1, 2.0)

Android doit son nom à la startup du même nom spécialisée dans le développement d'applications mobiles que Google a rachetée en août 2005, nom qui vient lui-même d'« androïde » qui désigne un robot construit à l'image d'un être humain (Android, 2012).

La raison derrière Android était d'essayer de développer un système d'exploitation mobile plus intelligent, qui ne se contentait pas uniquement de permettre d'envoyer des SMS et transmettre des appels, mais qui devait permettre d'interagir avec la situation de l'utilisateur dans la nature (notamment avec sa position géographique). C'est pourquoi, contrairement à une croyance populaire, on peut affirmer qu'Android n'est pas une réponse de Google à l'iPhone d'Apple puisque l'existence de ce dernier n'a été révélée que 2 années plus tard.

C'est en 2007 que la situation prit une autre tournure. Apple dévoilait l'iPhone, un téléphone tout simplement révolutionnaire pour l'époque. L'annonce est un désastre pour les autres constructeurs, qui doivent s'aligner sur cette nouvelle concurrence.

Le problème étant que pour atteindre le niveau d'iOS[9], il aurait fallu des années de recherche et développement à chaque constructeur...

C'est pourquoi est créée en novembre de l'année 2007, l'Open Handset Alliance (OHA), et qui comptait à sa création 35 entreprises évoluant dans l'univers mobile, dont Google. Cette alliance a pour but de développer un système open-source (c'est-à-dire dont les sources sont disponibles librement sur internet) pour l'exploitation sur mobile et ainsi concurrencer les systèmes propriétaires, par exemple Windows Mobile et iOS. Android est le logiciel vedette de cette alliance, mais il ne s'agit pas de leur seule activité.

Android est à l'heure actuelle le système d'exploitation pour Smartphones et tablettes le plus utilisé. Les prévisions en ce qui concerne

---

[9] Systèmes d'exploitation de l'iPhone d'Apple.

la distribution d'Android sur le marché sont très bonnes avec de plus en plus de machines qui s'équipent de ce système. Bientôt, il se trouvera dans certains téléviseurs (Google TV peut-être) et les voitures, Android sera partout.

1.3. La philosophie et les avantages d'Android

Android a de nombreux avantages par rapport à d'autres systèmes d'exploitation pour les terminaux mobiles, on cite ci-dessous quelques-uns (Espiau, 2012) :

Open-source

Le contrat de licence pour Android respecte l'idéologie open-source, c'est-à-dire qu'on peut à tout moment télécharger les sources et les modifier selon nos goûts, Android utilise des bibliothèques open-sources puissantes comme par exemple SQLite pour les bases de données et OpenGL pour la gestion d'images 2D et 3D.

Gratuit (ou presque)

Android est gratuit, autant pour nous, que pour les constructeurs. En revanche, pour poster nos applications sur le Play Store, il nous en coûtera la modique somme de 25$. Ces 25$ permettent de publier autant d'applications que nous le souhaitons, à vie !

Facile à développer

Toutes les API[10] mises à disposition facilitent et accélèrent grandement le travail. Ces APIs sont très complètes et très faciles d'accès. De manière un peu caricaturale, on peut dire qu'on peut envoyer un SMS en seulement deux lignes de code.

---

[10] Interface de Programmation en Français, est un ensemble de règles à suivre pour pouvoir dialoguer avec d'autres applications. Dans le cas du Google API, il permet en particulier de communiquer avec Google Maps.

Facile à vendre

Le Play Store (anciennement Android Market) est une plateforme immense et très visitée ; c'est donc une mine d'opportunités pour quiconque possède une idée originale ou utile.

Flexible

Le système est extrêmement portable, il s'adapte à beaucoup de structures différentes. Les Smartphones, les tablettes, la présence ou l'absence de clavier ou de trackball, différents processeurs... On trouve même des micro-ondes qui fonctionnent à l'aide d'Android ! Non seulement c'est une immense chance d'avoir autant d'opportunités, mais en plus Android est construit de manière à faciliter le développement et la distribution en fonction des composants en présence dans le terminal (si votre application nécessite d'utiliser le Bluetooth, seuls les terminaux équipés de Bluetooth pourront la voir sur le Play Store).

Ingénieux

L'architecture d'Android est inspirée par les applications composites, et encourage par ailleurs leur développement. Ces applications se trouvent essentiellement sur internet et leur principe est qu'on peut combiner plusieurs composants totalement différents pour obtenir un résultat surpuissant. Par exemple, si on combine l'appareil photo avec le GPS, on peut poster les coordonnées GPS des photos prises.

1.4. Les difficultés du développement pour des systèmes embarqués

Il existe certaines contraintes pour le développement Android qui ne s'appliquent pas au développement habituel !

Prenons un cas concret : la mémoire RAM est un composant matériel indispensable. Quand on lance un logiciel, le système d'exploitation lui réserve de la mémoire pour qu'il puisse créer des variables, telles que des tableaux, des listes, etc. Ainsi, sur un ordinateur il y a 4 Go de RAM alors qu'il y a que 512 Mo sur un téléphone, ce qui signifie que c'est huit fois moins. On peut donc lancer moins de logiciels à la fois et ces logiciels doivent faire en sorte de réserver moins de mémoire. C'est pourquoi le téléphone est dit limité, il doit supporter des contraintes (Espiau, 2012).

Voici les principales contraintes à prendre en compte quand on développe pour un environnement mobile :

- Il faut pouvoir interagir avec un système complet sans l'interrompre. Android fait des choses pendant que l'application est utilisée, il reçoit des SMS et des appels entre autres. Il faut respecter une certaine priorité dans l'exécution des tâches. Il faut par exemple bloquer les appels de l'utilisateur pour qu'il puisse terminer la partie d'un jeu.
- Il faudra exploiter tous les outils fournis afin de débusquer les portions de code qui nécessitent des optimisations.
- La taille de l'écran est réduite, et il existe par ailleurs plusieurs tailles et résolutions différentes. L'interface graphique doit s'adapter à toutes les tailles et toutes les résolutions, ou on risque de laisser de côté un bon nombre d'utilisateurs.
- Enfin, en plus d'avoir une variété au niveau de la taille de l'écran, on a aussi une variété au niveau de la langue, des composants matériels présents et des versions d'Android. Il y a une variabilité entre chaque téléphone et même parfois entre certains téléphones identiques. C'est un travail en plus à prendre en compte.

Les conséquences de telles négligences peuvent être terribles pour l'utilisateur. Saturez le processeur et il ne pourra plus rien faire excepté redémarrer. Donc il faut clairement prendre en considérations toutes ces contraintes dans la programmation et faire en sorte de ne pas perturber le système de manière négative.

1.5. Les outils d'Android

Pour qu'on puisse manipuler le système Android, il faut disposer d'une certaine configuration minimale pour un environnement Windows, et installer et configurer différents outils qu'on cite ci-dessous :

1.5.1. Le JDK : Java Development Kit

Il existe deux plateformes en Java :

Le **JRE** (**J**ava **R**untime **E**nvironment), qui contient la JVM (**J**ava **V**irtual **M**achine), les bibliothèques de base du langage ainsi que tous les composants nécessaires au lancement d'applications ou d'applets Java. En gros, c'est l'ensemble d'outils qui nous permettra d'exécuter des applications Java (Android Developers, s.d.).

Le **JDK** (**J**ava **D**evelopment **K**it), qui contient le JRE (afin d'exécuter les applications Java), mais aussi un ensemble d'outils pour compiler et déboguer le code.

1.5.2. Le SDK Manager d'Android

Un SDK, c'est-à-dire un **Kit de Développement** dans notre langue, est un ensemble d'outils que met à disposition un éditeur afin de nous permettre de développer des applications pour un environnement précis

(**Figure.2**). Le SDK Android permet donc de développer des applications pour Android et uniquement pour Android (Android Developers, s.d.).

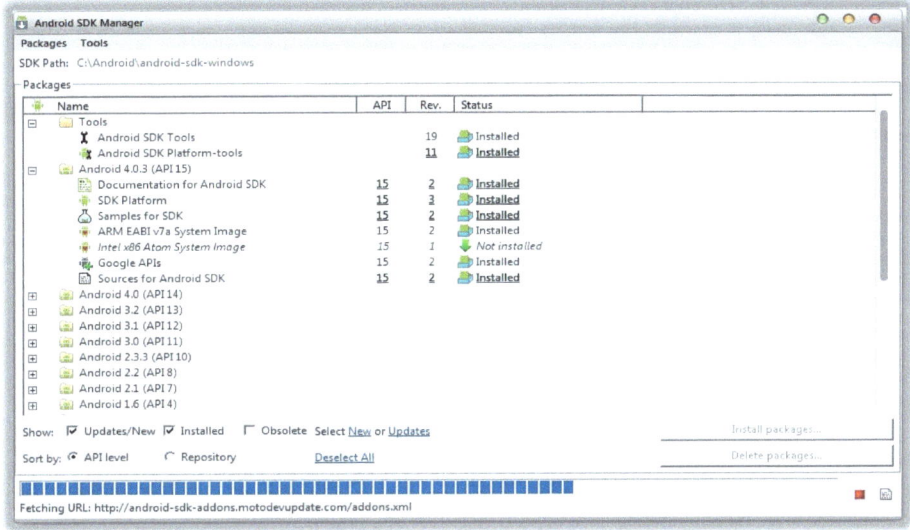

Figure 2. L'Android SDK Manager

Il existe plusieurs versions de la plateforme Android qui ont été développées depuis ses débuts et qu'il existe donc plusieurs versions différentes en circulation (API7, API8…).

Quand on développe une application, il faut prendre en compte ces numéros, puisqu'une application développée pour une version précise d'Android ne fonctionnera pas pour les versions précédentes.

Le SDK Android contient plusieurs éléments pour aider les développeurs à créer et à maintenir des applications :

- Des API (interfaces de programmation)
- Des exemples de code
- La documentation
- Un émulateur AVD

- Des outils qui permettent de couvrir quasiment toutes les étapes du cycle de développement d'une application

Le kit de développement Android dispose d'une boite à outils complète pour les tâches de compilation, débogage, signature des applications, etc...

Il contient aussi un ensemble de programme dont :

- DDMS : un outil de débogage puissant
- SQLite3 : un outil d'administration des bases de données de type SQLite[11]
- Draw9patch : un outil de dessins puissant pour manipuler les images en format (.png)
- Un **ADB** : Android Debug Bridg, un outil polyvalent en ligne de commande qui permet de communiquer avec l'émulateur et d'exécuter des taches, installer et débuguer les applications Android, c'est programme client/serveur.

1.5.3. L'IDE Eclipse

Un IDE est un logiciel dont l'objectif est de faciliter le développement, généralement pour un ensemble restreint de langages. Il contient un certain nombre d'outils, dont au moins un éditeur de texte - souvent étendu pour avoir des fonctionnalités avancées telles que l'auto-complétions ou la génération automatique de code - des outils de compilation et un débogueur.

---

[11] SQLite est une bibliothèque écrite en C qui propose un moteur de bases de données relationnelles accessibles par le langage SQL. SQLite implémente en grande partie le standard SQL.

Chapitre I

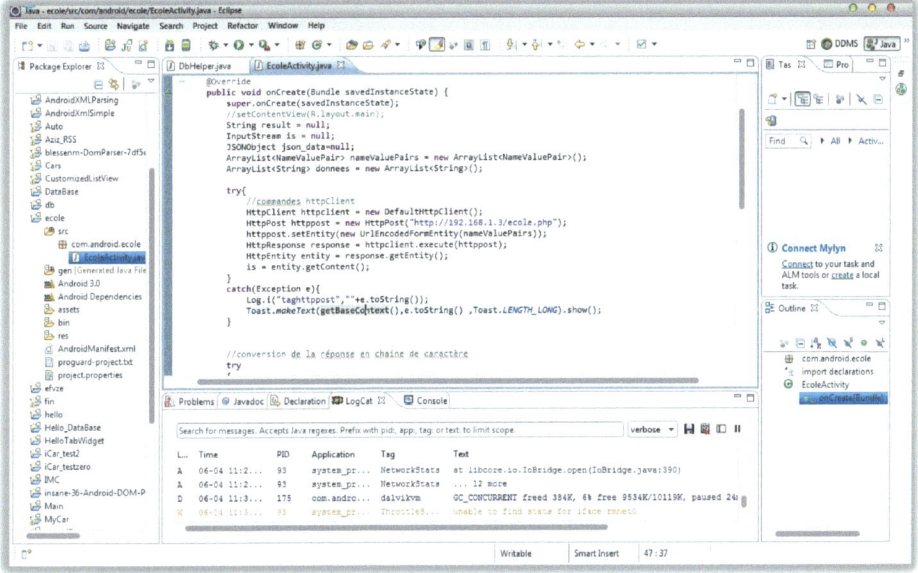

Figure 3. L'IDE Eclipse

On a choisi de se baser sur Eclipse pour le développement : tout simplement parce qu'il est gratuit, puissant et recommandé par Google dans la documentation officielle d'Android (**Figure.3**).

Pour pouvoir développer pour Android, on doit intégrer sur Eclipse un plug-in[12] (l'extension) Android Development Tools (ADT). Il nous aidera à créer des projets pour Android avec les fichiers de base, mais aussi à tester, à déboguer et à exporter nos projets en APK[13] (pour pouvoir publier les applications).

C'est ce couple d'icônes s'intégrant à Eclipse qui nous permettent de manipuler le système Android dans sa totalité. (Android Developers, s.d.)

---

[12] En informatique, un plugin ou plug-in, aussi nommé module d'extension, module externe, greffon, add-in ou add-on est un paquet qui complète un logiciel hôte pour lui apporter de nouvelles fonctionnalités.
[13] (.APK) L'extension des applications Android s'installant sur un téléphone basé sur celui-ci.

- La première icône à gauche permet de démarrer le SDK Manager en cas si on veut chercher des mises à jour des versions d'Android, outils ou des nouvelles documentations.
- La deuxième icône à droite permet de créer un téléphone virtuel (émulateur) Android pour l'utiliser afin de tester, installer et déboguer les applications.

Analysons maintenant l'ADT Android :

1.5.4. La vue DDMS

Android est livré avec un outil de débogage appelé le **Dalvik Debug Monitor Serve**r (DDMS), qui permet de gérer entièrement l'émulateur, il fournit des services, des captures d'écran sur le dispositif, des informations sur les threads et sur la pile de mémoire dans le périphérique, le LogCat, le processus et des informations d'État radio, les appels entrants et les SMS, des données de localisation etc… A gauche nous avons l'état du système avec tout le processus en cours d'exécution. Dans le volet à droite on aperçoit différents onglets permettant de gérer le tas (allocation dynamique), les threads en cours d'exécution, l'explorateur depuis lequel nous pouvons ajouter et supprimer des fichiers, et finalement un onglet sous l'onglet « Device », l'« Emulator control » depuis lequel on peut simuler des appels ou SMS entrants, et simuler aussi la position géographique du téléphone virtuel en entrant des coordonnées GPS (**Figure.4**), dans la suite on traite la partie inferieure le « LogCat ». (Android Developers, s.d.)

Chapitre I

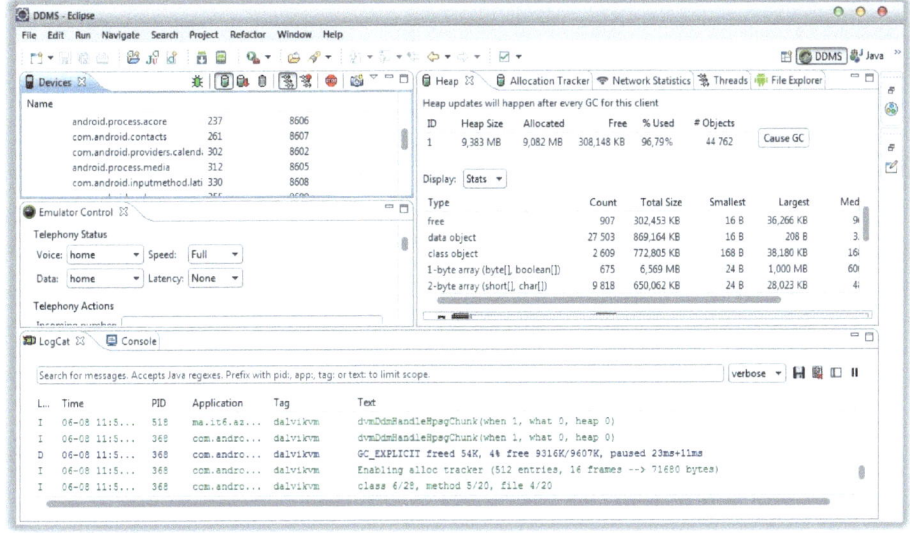

Figure 4. La vue DDMS sous Android

1.5.5. Le LogCat

Le système d'exploitation Android fournit un mécanisme pour la collecte et l'affichage de la sortie de débogage système. Certaines parties du système sont recueillis dans une série de tampons circulaires, qui ensuite peut être considérée et filtrée par la commande LogCat (**Figure.5**). On peut utiliser le LogCat depuis un Shell ADB pour afficher les messages du journal (Android Developers, s.d.).

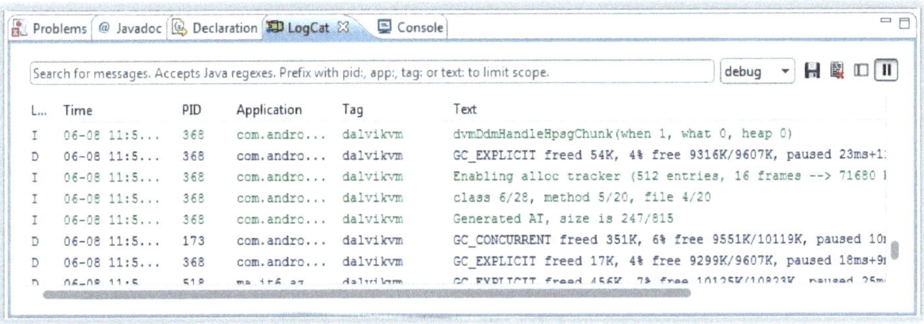

Figure 5. Le LogCat sous Android

1.5.6. L'émulateur AVD

L'Android Virtual Devise, aussi appelé AVD (**Figure.6**), est un émulateur de terminal sous Android, c'est-à-dire qu'il en simule le comportement. Il est utilisé pour tester les applications développées sans avoir besoin d'un téléphone physique. Il permet aussi de simuler un appel, des SMS, et lui attribuer une SdCard (carte mémoire), donc notre application se comportera de la même façon que sur un téléphone réel qu'un émulateur. (Android Developers, s.d.)

Figure 6. L'interface de l'émulateur AVD

1.6. L'architecture Android

Ce que vous observez est une pile des composants (5 niveaux) qui constituent le système d'exploitation (Android Developers, s.d.). Le sens de lecture se fait de bas en haut, puisque le composant du plus bas niveau est le noyau Linux et celui de plus haut niveau sont les applications (**Figure.7**).

Chapitre I

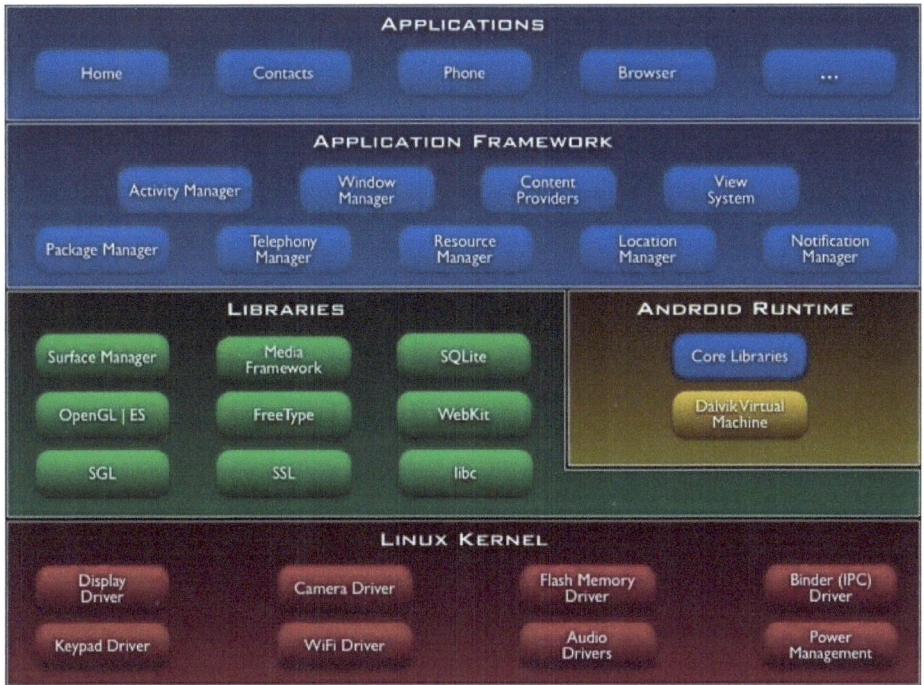

Figure 7. L'architecture du système Android

1.6.1. Le noyau Linux

Le système d'exploitation d'Android se basait sur Linux. Si on veut être plus précis, c'est le noyau (« **Kernel** » en anglais) de Linux qui est utilisé. Le noyau est l'élément du système d'exploitation qui permet de faire le pont entre le matériel et le logiciel. Par exemple les pilotes Wifi permettent de contrôler la puce Wifi.

La version du noyau utilisée avec Android est une version conçue spécialement pour l'environnement mobile, avec une gestion avancée de la batterie et une gestion particulière de la mémoire. C'est cette couche qui fait en sorte qu'Android soit compatible avec tant de supports différents.

1.6.2. Les bibliothèques pour Android

Ces bibliothèques proviennent de beaucoup de projets open-sources, codés en C/C++ pour la plupart, comme SQLite pour les bases de données, WebKit pour la navigation web ou encore OpenGL afin de produire des graphismes en 2D ou en 3D (Espiau, 2012).

1.6.3. Le moteur d'exécution Android

C'est cette couche qui fait qu'Android n'est pas qu'une simple « implémentation de Linux pour portables ». Elle contient certaines bibliothèques de base du Java accompagnées de bibliothèques spécifiques à Android et la machine virtuelle « **Dalvik** » (Espiau, 2012).

Un moteur d'exécution (« **Runtime System** » en anglais) est un programme qui permet l'exécution d'autres programmes.

Android utilise une machine virtuelle toute étudiée pour les systèmes embarqués qui a été développée, et elle s'appelle « **Dalvik** » (**Figure.8**). Cette machine virtuelle est optimisée pour mieux gérer les ressources physiques du système. Elle permet par exemple de laisser moins d'empreinte mémoire (la quantité de mémoire allouée à une application pendant son exécution) et qu'elle puise moins dans la batterie qu'une machine virtuelle Java.

La plus grosse caractéristique de Dalvik est qu'elle permet d'instancier un nombre très important d'occurrences de lui-même : chaque programme a sa propre occurrence de Dalvik et elles peuvent vivre sans se perturber les unes les autres. (Fig.)

Chapitre I

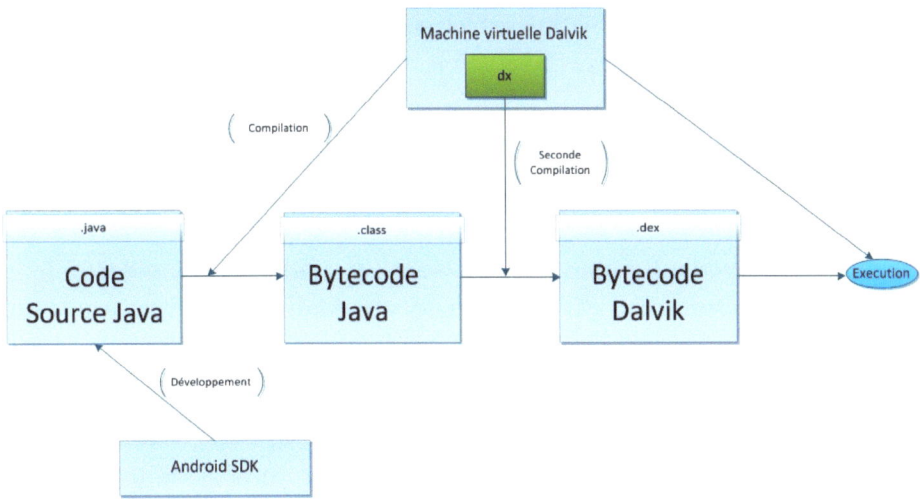

Figure 8. Les étapes nécessaires à la compilation et à l'exécution d'un programme Android

On remarque bien que le code Java est converti en bytecode Java. Il faut donc procéder à une autre conversion à l'aide d'un programme qui s'appelle « **dx** » puisque le bytecode Java ne pouvait être lu que par une machine virtuelle Java, et le Dalvik n'est pas une machine virtuelle Java. Ce programme s'occupera de traduire les applications de bytecode Java en bytecode Dalvik, qui lui est compréhensible par la machine virtuelle. La puissante machine virtuelle Dalvik est destinée uniquement à Android (Espiau, 2012).

1.6.4. Les Framework pour les applications

Il s'agit d'un ensemble de composants qui définissent les fondations ainsi que les grandes lignes directrices de l'organisation d'un code, en d'autres termes on peut parler de son architecture ou de son squelette. Un framework prodigue aussi quelques fonctionnalités de base (accès à la base de données par exemple). Cet outil fournit ainsi une démarcation radicale entre plusieurs aspects d'un programme et permet de mieux diviser les tâches (toi tu fais l'interface graphique, toi l'interaction avec le réseau, etc.) (Espiau, 2012).

1.6.5. Les applications

Il s'agit tout simplement d'un ensemble d'applications que l'on peut trouver sur Android, par exemple les fonctionnalités de base inclues un client pour recevoir/envoyer des emails, un programme pour envoyer/recevoir des SMS, un calendrier, un répertoire, etc. C'est ici que qu'on intervient, on peut accédez aux mêmes ressources que les applications fournies par défaut, on a donc autant de possibilités qu'elles, on a même la possibilité de les remplacer. C'est aussi ça la force d'Android.

La base d'un programme pour Android est l'activité « Activity en anglais », donc il est indispensable que vous maîtrisiez ce concept, notre projet Android contient plusieurs activités, commençons d'abord par définir une activité (Espiau, 2012).

1.6.5.1. Définition d'une activité

Une application Android est un assemblage de fenêtres entre lesquelles il est possible de naviguer, ces différentes fenêtres sont appelées des activités. Un moyen efficace de différencier des activités est de comparer leur interface graphique : si elles sont radicalement différentes, c'est qu'il s'agit d'activités différentes. De plus, comme une activité remplie tout l'écran, alors l'application ne peut en afficher qu'une à la fois (Espiau, 2012).

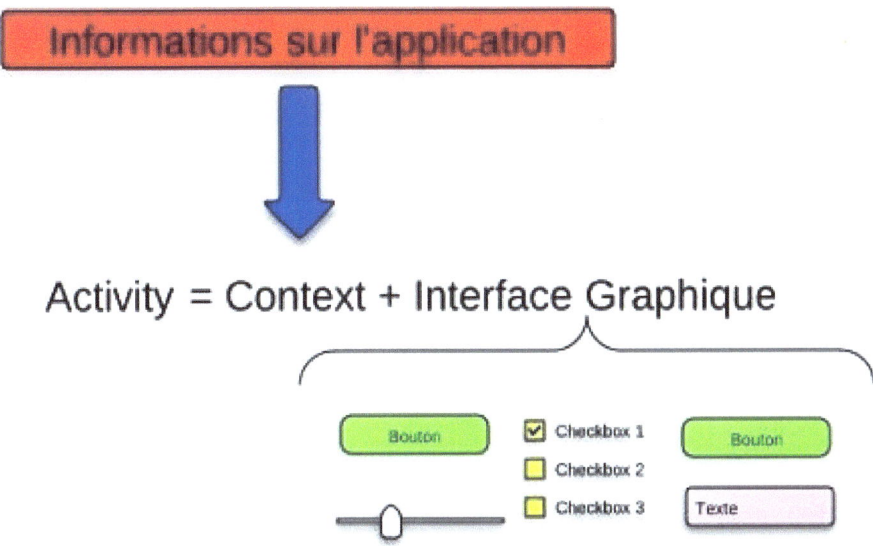

Figure 9. Une activité Android

Une activité (**Figure.9**) est constituée du **contexte** de l'application et d'une seule et unique **interface graphique** :

- Une interface graphique : il s'agit d'un ensemble d'éléments visuels avec lesquels peuvent interagir les utilisateurs ou qui leur prodiguent des informations. Pour rentrer dans les détails, une activité est un support sur lequel nous allons greffer une interface graphique.
- Le contexte : ce sont des informations sur l'état actuel de l'application, il constitue un lien avec le système Android ainsi que les autres activités de l'application.

1.6.5.2. Cycle de vie d'une activité

Une activité n'a pas de contrôle direct sur son propre état, il s'agit plutôt d'un cycle rythmé par les interactions avec le système et d'autres applications. Voici un schéma qui présente ce que l'on appelle **le cycle de vie d'une activité**, c'est-à-dire qu'il indique les étapes que va traverser notre activité pendant sa vie, de sa naissance à sa mort. Vous verrez que chaque étape du cycle est représentée par une méthode (**Figure.10**). Nous verrons comment utiliser ces méthodes en temps voulu. (Android Developers, s.d.)

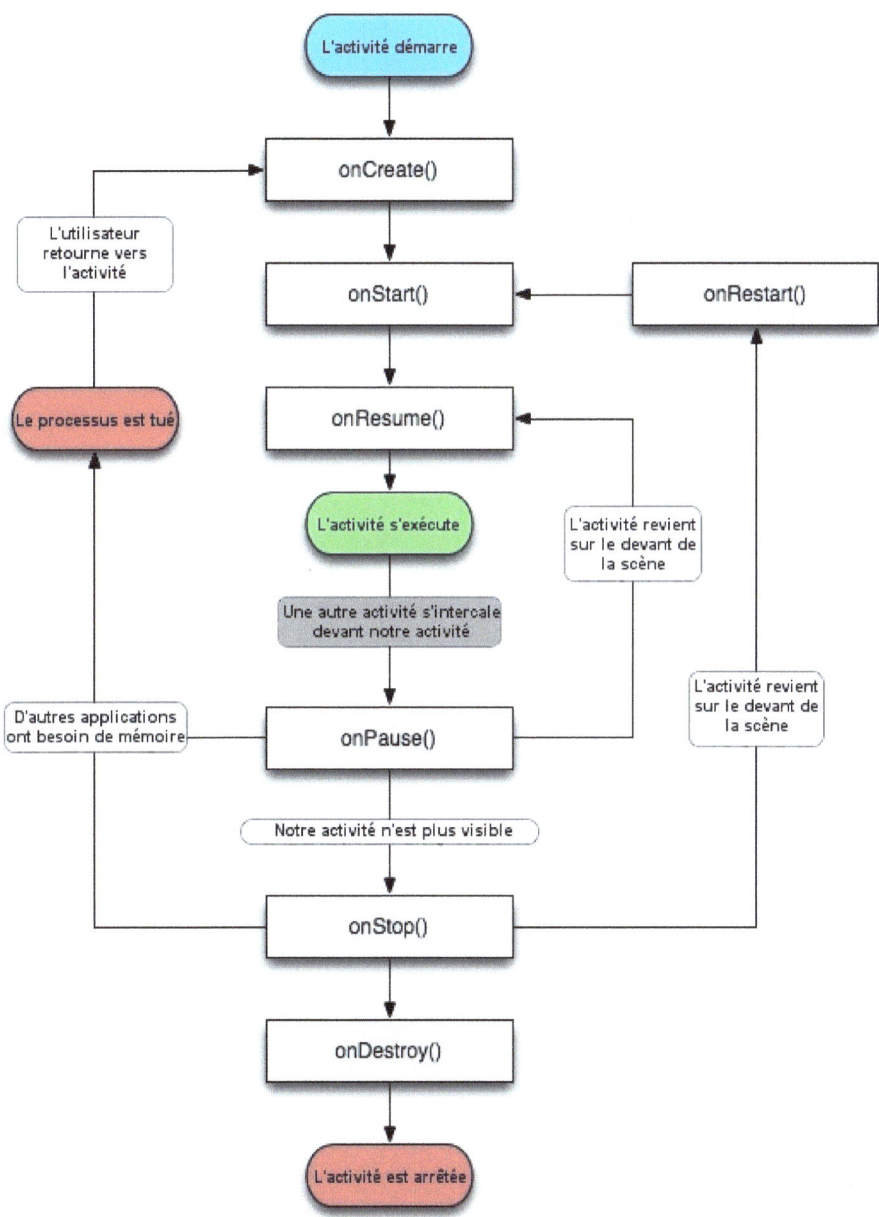

Figure 10. Le cycle de vie d'une activité Android

1.7. Problématique du projet

Le monde des applications mobiles ne cesse de croître, il y a une variété et une multitude de catégories des applications mobiles, la tendance de l'utilisation quotidienne des moyens technologiques se libère de tout ce qui bureau et se dirige vers une mobilité libre, efficace et rapide en termes de consultation de l'information.

C'est ainsi que les entreprises cherchent à conquérir et dominer un nouveau marché, c'est celui des mobinautes, cette gamme d'utilisateurs des Smartphones est un vrai investissement pour ces entreprises, et dans le cadre de la recherche de nouvelles idées innovantes et originales ; la société Microsoft a lancé un appel d'offre pour collecter un grand nombre de projets importants de développement mobile, et le cabinet IT6 Consulting a pris part de ce marché, et pour gagner ce challenge ; on a commencé d'abord par une étude du marché des applications mobiles pour en tirer des idées originales et créatives…

Dans cette phase d'études, il y avait aussi la décision sur choix de la plateforme dans laquelle on va développer (iPhone, Android ou Windows Phone…), finalement le choix était celle d'Android à cause des nombreux avantages qu'elle présente (cités dans la partie ci-dessus), concernant l'idée du projet, On a présenté à la société IT6 Consulting six idées de projet en se basant sur une étude préalable du marché qui peuvent l'intéresser ; à la fin l'équipe IT6 a choisis deux idées de projet en respectant différents critères du choix (originalité, contenu , créativité, ergonomie, le nombre des utilisateurs intéressés) , les deux idées ont été soumises à Microsoft pour y trancher, et finalement le choix tombait sur l'idée du présent projet, celle de développer une application mobile pour gérer le monde de l'automobile y compris voitures, nouveautés, images, vidéos, informations…

Ce choix est naturel du fait qu'il existe un nombre important des propriétaires des voitures et des fans, le monde de l'automobile intéresse presque tout le monde, le contenu de l'application sera donc d'utilité importante pour ces utilisateurs qui suivent cette actualité chaque jour en matière du gain du temps, d'efficacité et de professionnalisme, et ce fut que Microsoft a validée l'originalité de cette idée.

Conclusion

Ce chapitre a été consacré pour vous introduire l'univers Android, on a détaillé tous les outils qui nous ont permis de le manipuler, ainsi que son architecture, les activités et la machine virtuelle Dalvik, la dernière partie on l'a consacré pour introduire la problématique du projet.

Dans la suite du rapport on va entrer dans le vif du sujet, c'est un chapitre qui va traiter la problématique, les solutions proposées, ainsi que la conception du projet.

CHAPITRE II

Analyse et Conception

Introduction

Le présent chapitre sera entièrement consacré à présenter les différentes phases du projet : étude, expressions des besoins et la conception en se basant sur le langage UML de modélisation des données, il détaillera aussi le cycle de développement adopté dans la bonne conduite et la réalisation du projet.

2.1. Cycle du développement

Le succès d'une application mobile est basé sur divers critères : à la fois graphiques, marketing et techniques. Dans tous les domaines, l'appel à des compétences en matière de management du projet est fort indispensable, dans ce projet on suit des règles strictes dans la gestion des projets pour le mener bien vers la réussite, ce projet est réalisé par des acteurs, dans un contexte précis, dans un délai donné et avec des ressources bien définis (**Figure.11**).

La conduite de ce projet se traduit par 4 phases importantes :

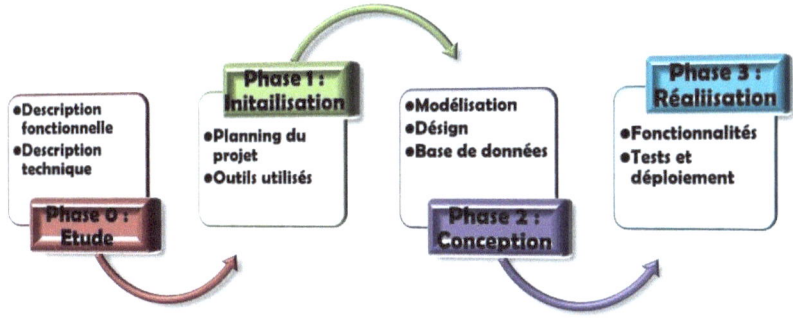

Figure 11. Les phases du projet

2.1.1. Phase étude

Dans cette phase on développera toutes les étapes éliminatoires du projet permettant de le mettre sur les rails, elle est constituée de deux phases importantes :

- ♦ ***Description fonctionnelle*** du projet : c'est une démarche qui consiste à rechercher et à caractériser les fonctions offertes par notre projet pour satisfaire les besoins de son utilisateur. Elle est totalement indépendante de toute solution technique, et est utilisée pour concevoir un produit de qualité.
- ♦ ***Description technique*** du projet : elle permet de définir les outils de développement de l'application, ainsi que toutes les étapes à suivre pour sa réalisation.

2.1.1.1. Description fonctionnelle du projet

a. Expressions des besoins

L'interactivité et l'intérêt du contenu font le succès de chaque application mobile : près de la moitié des applications téléchargées étant des jeux, une application ludique, avec un graphique travaillé a plus de chances d'intéresser les usagers mobiles, c'est ainsi que cette application respectera un certain nombre de critères sur différents niveaux :

- ✓ Le contenu,
- ✓ L'utilité,
- ✓ L'ergonomie des fonctionnalités,
- ✓ Le graphisme de l'interface d'utilisateur,
- ✓ La compatibilité avec les terminaux mobiles sous Android,
- ✓ Le modèle économique,
- ✓ Un projet de marketing digital très puissant.

Ces différents critères mettent en cause un certain nombre d'objectifs devant cette application mobile, et pour répondre à ceci, voici les besoins dont elle doit répondre :

L'utilisateur doit :

- Trouver toutes les marques des voitures, ainsi il doit afficher les informations propres à chaque modèle (prix, type d'énergie, vitesses, les options de la voiture, etc.).
- Pouvoir naviguer soit par marque, série ou modèle.
- Afficher toutes les images d'une voiture X.
- Visualiser toutes les vidéos d'une voiture Y.
- Pouvoir afficher toute l'actualité dans le monde de l'automobile.

L'application doit :

- Etre capable de chercher des *mises à jour* du contenu.
- Pouvoir chercher dans le web des mises à jour de l'automobile.
- Afficher pour les utilisateurs des données bien organisées avec un très beau graphique.
- Respecter une certaine hiérarchie des données
- Rester tout le temps à jour.

b. La solution proposée

Généralement dans ce genre de problèmes qui demandent des mises à jour du contenu la solution qui se découle naturellement pour répondre à ce cahier de charges est d'utiliser un web service qui se repose sur une architecture client-serveur, il utilise l'internet comme un moyen d'échange de données entre les deux parties.

Chapitre II

Un service web est un programme informatique, permettant la communication et l'échange de données entre applications et systèmes hétérogènes dans des environnements distribués. Il s'agit donc d'un ensemble de fonctionnalités exposées sur internet, par et pour des applications ou machines, sans intervention humaine, et de manière synchrone (**Figure.12**).

Figure 12. L'architecture client-serveur

Dans ce projet, notre application Android va se connecter à un serveur distant, pour extraire les informations stockées dans la base de données dans le serveur MySQL, et pour attaquer la base de données, on utilise un seul langage de programmation qui est compris uniquement par le serveur, le PHP[14]…

Il faut noter aussi que ce projet est scindé en deux parties principales :

- **Un client**
- **Un serveur**

---

[14] Le PHP : Hypertext Preprocessor, plus connu sous son sigle *PHP*, est un langage de scripts libre principalement utilisé pour produire des pages Web dynamiques via un serveur http.

Il faut signaler aussi que ces deux parties sont totalement indépendantes dans le choix du langage qu'on utilisera dans le développement des deux, mais elles sont fortement liées au niveau de la conception et la réalisation.

2.1.1.2. Description technique

Une application doit rester dynamique, donc le but est de rendre les applications maintenables, donc il faut séparer le programme en blocs, ainsi chaque bloc ou composant peut être interchangeable, et dans le domaine des systèmes embarqués, le but est d'avoir des applications réactives, donc les règles de développement sont différentes et reste pour le concepteur la totale liberté du choix des méthodes qu'il utilisera.

a. Développement de l'application

Le développement de ce projet est divisé en deux grandes parties :

i. Côté client Android

- ❖ L'environnement du développement : Android
- ❖ Langage de programmation : Java
- ❖ L'environnement d'exécution : les Smartphones équipés du système Android

ii. Côté serveur

- ❖ L'environnement du développement et d'exécution : le serveur http, MySQL
- ❖ Langage de programmation : PHP, SQL[15]

---

[15] C'est un langage informatique normalisé servant à effectuer des opérations sur des bases de données.

❖ Création d'une base de données MySQL

b. Les étapes à suivre

Dans la conduite de ce projet, et afin de réaliser cette application, on va tout d'abord commencer par la partie serveur, ensuite passer à la partie client Android, parce que les données qu'on va traiter sur Android se trouvent sur le serveur MySQL, et cohabitent avec une structure bien déterminée et hiérarchisée, ce qui fait les deux parties sont fortement liées et suivent un ordre de priorité dans le traitement.

i. Côté serveur

Les étapes à suivre dans la partie serveur sont les suivantes :

- ✓ La conception et la création d'une base de données MySQL
- ✓ Génération des modèles MCD, MLD et le MPD.
- ✓ Implémentation de la base de données sur un serveur http
- ✓ Elaboration et programmation des scripts avec le langage PHP pour extraire les données sur le serveur MySQL, et générer un flux structuré de données en format XML[16].

ii. Côté client Android

Dans ce projet le découpage logique de notre application est le suivant :

---

[16] C'est un langage informatique de balisage *générique* comme le HTML.

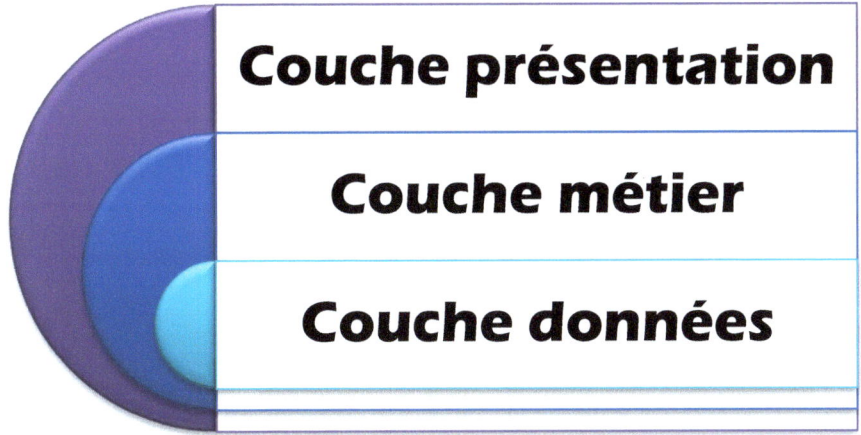

Figure 13. Le découpage de l'application

- Couche présentation : elle contient tous les composants graphiques du module interface homme-machine (fenêtre, contrôle, utilisateur…), avec le code propre à l'affichage de leur contenu.
- Couche métier : elle contient tous les composants métier ; ils prennent en charge la gestion du cycle de vie des objets métier géré par le module.
- Couche données : elle est responsable du stockage physique des données, c'est une partie qui est locale et propre au client Android, pour stoker les données initiales à l'application (**Figure.13**).

Les étapes à suivre dans la partie client Android pour réaliser cette application sont les suivantes :

> Design des interfaces graphiques.
> Etablissement d'un manuel de conception avec UML (Logiciel Entreprise Architect)
>   - Le diagramme de cas d'utilisation
>   - Le diagramme de séquences
>   - Le diagramme de classes

➤ Développement de l'application (codage et programmation).
➤ Validation de l'application par des scénarios de tests et d'exécution.

2.1.2. Phase initialisation

Dans cette phase on présentera le planning du projet contenant un délai de chaque tâche à réaliser, après on passera aux outils utilisés durant la conception et le développement de cette application.

2.1.2.1. Planning du projet

Pour la bonne conduite de ce projet, une bonne gestion du temps et du délai de chaque phase à réaliser du projet s'impose, donc on a réalisé un planning qui définit la date et la durée des différentes tâches durant la réalisation ce projet (**Figure.14**).

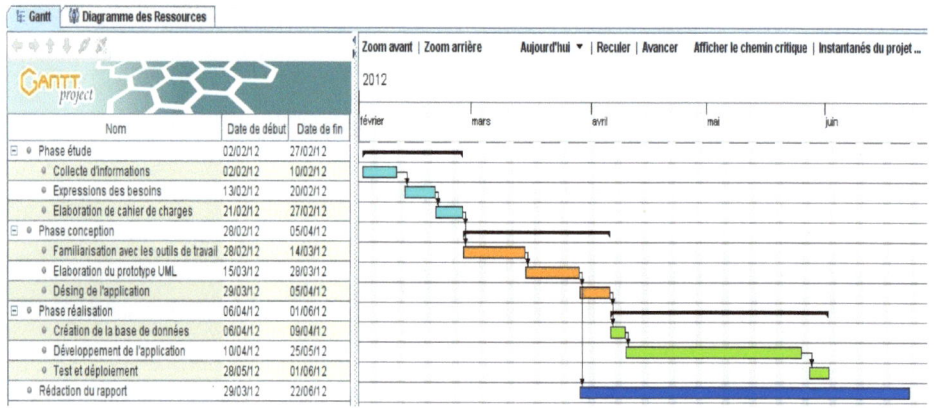

Figure 14. Le planning du projet

2.1.2.2. Les outils et les technologies utilisés

a. UML (Unified Modeling Language)

UML (en anglais *Unified Modeling Language* ou « langage de modélisation unifié ») est un langage de modélisation graphique à base de pictogrammes. Il est apparu dans le monde du génie logiciel, dans le cadre de la « conception orientée objet ». Couramment utilisé dans les projets logiciels, il peut être appliqué à toutes sortes de systèmes ne se limitant pas au domaine informatique.

UML est à présent un standard défini par l'Object Management Group (OMG). La dernière version diffusée par l'OMG est UML 2.4.1 depuis aout 2011. Il est utilisé pour spécifier, visualiser, modifier et construire les documents nécessaires au bon développement d'un logiciel orienté objet. UML offre un standard de modélisation, pour représenter l'architecture logicielle et propose 13 types de diagramme.

UML 2.3 propose 13 types de diagrammes (9 en UML 1.3). UML n'étant pas une méthode, leur utilisation est laissée à l'appréciation de chacun, même si le diagramme de classes est généralement considéré comme l'élément central d'UML ; des méthodologies, telles que l'UnifiedProcess, l'analyse en tout premier lieu sur les diagrammes de cas d'utilisation (Use Case). De même, on peut se contenter de modéliser seulement partiellement un système, par exemple certaines parties critiques.

UML se décompose en plusieurs sous-ensembles

- Les *vues* : Les vues sont les observables du système. Elles décrivent le système d'un point de vue donné, qui peut être organisationnel, dynamique, temporel, architectural, géographique,

logique, etc. En combinant toutes ces vues, il est possible de définir (ou retrouver) le système complet.
- Les ***diagrammes*** : Les diagrammes sont des éléments graphiques. Ceux-ci décrivent le contenu des vues, qui sont des notions abstraites. Les diagrammes peuvent faire partie de plusieurs vues.
- Les ***modèles d'élément*** : Les modèles d'élément sont les briques des diagrammes UML, ces modèles sont utilisés dans plusieurs types de diagramme. Exemple d'élément : cas d'utilisation, classe, association, etc. (Unified Modeling Language, 2012)

b. Enterprise Architect

Enterprise Architect est un outil de modélisation UML2 flexible, complet et puissant conçu pour les plateformes Windows, ce logiciel offre un avantage concurrentiel pour le Développement des systèmes, la gestion de projet et l'analyse commercial.

Un vaste éventail de langage de développement sont pris en charge, y compris ActionScript, C, C++, VB, .NET, Java, Visual Basic 6, Phython, PHP, XSD, WSDL… Enterprise Architect est utilisé pour le développement de divers types de systèmes logiciels pour un large éventail de secteurs, notamment : les services bancaires, le développement web, l'ingénierie, la finance, la médecine, les services publics, le génie électrique et beaucoup plus. Il est aussi utilisé efficacement pour des fins de formations UML et l'architecture d'affaire.

c. Balsamiq Studios

Chapitre II

Balsamiq est un outil très puissant de conception de marquette GUI (Graphical User Interface) d'interface utilisateur graphique pour les applications web et mobiles, fondé en Mars 2008 par un ingénieur Peldi Guilizzoni, Il permet au concepteur d'arranger des Widgets à l'aide d'un éditeur WYSIWYG drag-and-drop (Guilizzoni, 2008).

d. L'IDE Eclipse

L'IDE Eclipse est un projet de la Fondation Eclipse visant à développer tout un environnement de développement libre, extensible, universel et polyvalent.

Son objectif est de produire et fournir divers outils gravitant autour de la réalisation de logiciel, englobant les activités de codage logiciel proprement dites (avec notamment un environnement de développement intégré) mais aussi de modélisation, de conception, de test, etc. Son environnement de développement notamment vise à la généricité pour lui permettre de supporter n'importe quel langage de programmation. Le projet Eclipse est pour cela organisé en un ensemble cohérent de projets logiciels distincts, sa spécificité tenant à son architecture totalement développée autour de la notion de plugin (en conformité avec la norme OSGi) : toutes les fonctionnalités de l'atelier logiciel doivent être développées en tant que *plug-in* bâti autour de l'IDE Eclipse Platform (Eclipse Downloads, s.d.).

e. PowerAMC

PowerAMC est un logiciel de modélisation. Il permet de modéliser les traitements informatiques et leurs bases de données associées. Créé par SDP sous le nom AMC*Designor, racheté par Powersoft, ce logiciel est produit par Sybase depuis le rachat par cet éditeur en 1995. Hors de France, la version internationale est commercialisée par Sybase sous la marque **PowerDesigner**. PowerAMC permet de réaliser tous les types de modèles informatiques. Il reste un des seuls qui permet de travailler avec la méthode Merise. Selon Riff News, cela permet d'améliorer la modélisation, les processus, le coût et la production d'applications.

f. PHP

Le *PHP : Hypertext Preprocessor*, plus connu sous son sigle *PHP*, est un langage de scripts libre principalement utilisé pour produire des pages Web dynamiques via un serveur HTTP, mais pouvant également fonctionner comme n'importe quel langage interprété de façon locale, en exécutant les programmes en ligne de commande. PHP est un langage impératif disposant depuis la version 5 de fonctionnalités de modèle objet complètes. En raison de la richesse de sa bibliothèque, on désigne parfois PHP comme une plate-forme plus qu'un simple langage (php.net, s.d.).

g. DOM : Document Objet Modele

Le **Document Object Model** (ou **DOM**) est une recommandation du W3C qui décrit une interface indépendante de tout langage de programmation et de toute plate-forme, permettant à des programmes informatiques et à des scripts d'accéder ou de mettre à jour le contenu, la structure ou le style de documents XML. Le document peut ensuite être traité et les résultats de ces traitements peuvent être réincorporés dans le document tel qu'il sera présenté. DOM permet de construire une arborescence de la structure d'un document et de ses éléments. Il est donc préférable de parcourir et de mémoriser l'intégralité du document avant de pouvoir effectuer les traitements voulus. Pour cette raison, les programmes utilisant DOM ont souvent une empreinte mémoire volumineuse en cours de traitement. À l'inverse, à partir d'un arbre DOM donné, il est possible de générer des documents dans le langage de balisage voulu, qui pourront à leur tour être manipulés par l'interface DOM (W3Schools, s.d.).

 ### h. EasyPHP

EasyPHP fut le premier package WAMP à voir le jour (1999). Il s'agit d'une plateforme de développement Web, permettant de faire fonctionner localement (sans se connecter à un serveur externe) des scripts PHP. EasyPHP n'est pas en soi un logiciel, mais un environnement comprenant deux serveurs (un serveur web Apache et un serveur de bases de données MySQL), un interpréteur de script (PHP), ainsi qu'une administration SQL phpMyAdmin. Il dispose d'une interface d'administration permettant de gérer les alias (dossiers virtuels disponibles sous Apache), et le démarrage/arrêt des serveurs. Il permet donc d'installer en une seule fois tout le nécessaire au développement local du PHP. Par défaut, le serveur Apache crée un nom de domaine virtuel (en local) 127.0.0.1 ou localhost. Ainsi, quand on choisit « Web local » dans le menu d'EasyPHP, le navigateur s'ouvre sur cette URL et affiche la page index.php de ce site qui correspond en fait au contenu du dossier www d'EasyPHP.

i. EMS SQL Manager pour MySQL

EMS SQL Manager for MySQL est un outil puissant d'administration et de développement de bases de données de serveur MySQL. Le produit fonctionne avec toutes les versions de MySQL de 3.23 jusqu'aux dernières versions et supporte toutes les dernières fonctionnalités deMySQL y compris les déclencheurs, les vues, les procédures et les fonctions stockées, les clés étrangères InnoDB, les données Unicode etc. SQL Manager for MySQL permet de créer/modifier tous les objets de bases de données MySQL, de concevoir visuellement les bases de données MySQL, d'exécuter les scripts SQL, d'importer et d'exporter les données de bases de données MySQL, de gérer les utilisateurs MySQL et leurs privilèges et dispose d'autres services qui permettent de faciliter la gestion de MySQL. SQL Manager for MySQL dispose d'une nouvelle interface graphique impressionnante et d'un système des assistants avec une description détaillée, l'usage desquelles est simple même pour un utilisateur novice.

2.1.3. Phase conception

Dans tous les domaines, le choix de la technique de modélisation dépend impérativement de la nature du problème confronté, y compris le cas de la modélisation d'une base de données, et des applications mobiles. Et dans notre projet on a réalisé une modélisation pour répondre au cahier de charges, grâce à des méthodes évoluées et puissantes, cette modélisation concerne les deux parties : client et serveur.

2.1.3.1. Modélisation de la partie serveur

Dans notre cas de figure, on a besoin d'une modélisation conceptuelle de données en utilisant la méthode Merise[17].

a. Le modèle conceptuel de données MCD

En général et quel que soit la technique de modélisation choisie, la conception d'une base de données ne nécessite pas mal d'expériences et de savoir-faire, sans oublier la connaissance des différents détails et la bonne compréhension du contexte de l'environnement envisagé.

Le modèle conceptuel a pour but de donner une représentation meilleure du contexte étudié, il permet, entre autres, de fournir une notation visuelle et intuitive, et pour ce faire on a utilisé l'outil PowerAMC.

---

[17] Merise est une méthode d'analyse, de conception et de gestion de projet informatique.

Pour concevoir notre base de données, nous avons besoin de dégager :

- Les différentes entités fonctionnelles mises en jeu.
- Les relations qui existent entre les entités et les cardinalités associées.
- Les opérations d'héritages éventuelles ainsi que les entités qui y participent.
- Les attributs de chaque entité qui sont nécessaires pour satisfaire les requêtes dont nous avons besoin d'y répondre.

Le modèle conceptuel établi est le suivant (**Figure.15**) :

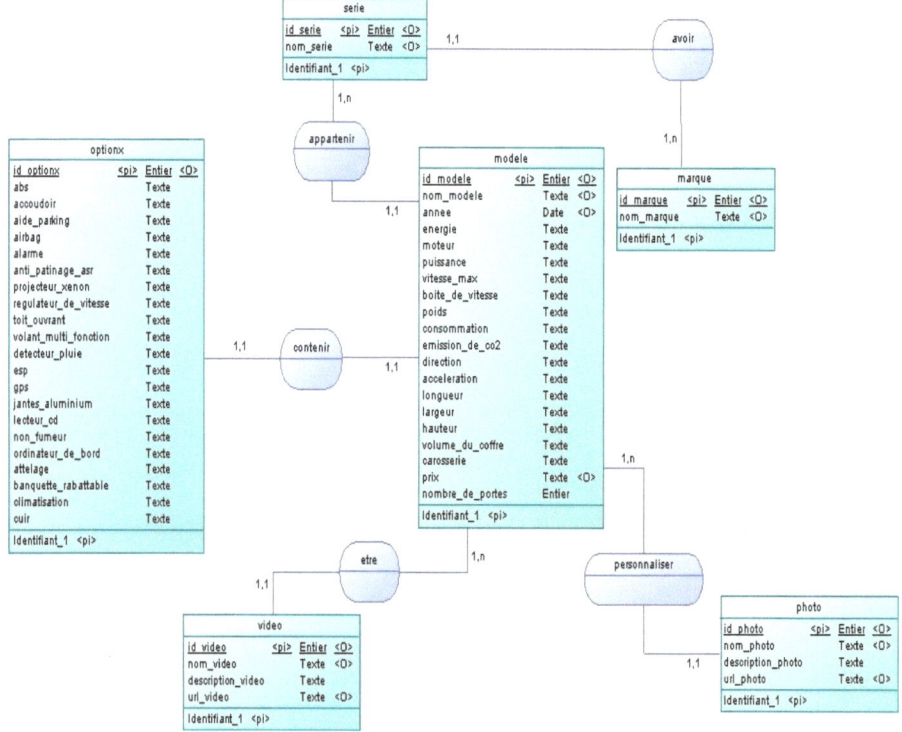

Figure 15. Le modèle conceptuel MCD de la base de données des voitures en utilisant la méthode Merise

Le modèle conceptuel ci-dessus comporte des classes entre lesquelles il y a des relations d'héritage. Ce modèle a été établi après une très longue phase d'études, de discutions, de modifications et d'améliorations. Il a passé par nombreuses étapes avant de prendre sa forme finale. De ce fait, nous pouvons dire que notre modèle conceptuel décrit parfaitement les objets voitures.

Dans ce modèle conceptuel, les classes ont été choisies avec soin, les associations ont été déterminées en se basant sur la situation concrète de l'automobile, les attributs de chaque classe ont été définis de façon qu'ils répondent à toutes les requêtes souhaitées. La classe la plus importante est « Modele », toutes les autres classes lui sont rattachées directement ou à travers d'autres classes intermédiaires. Les classes « Optionx », « Photo », « Video », « Série », « Marque », sont fortement attachées à la classe « Modèle ». Ceci vu leurs importances et pour offrir une meilleure visibilité des propriétés potentielles à cette classe.

b. Le modèle logique de données : MLD

On utilise le modèle conceptuel, pour extraire le modèle logique correspondant. Il s'agit d'une représentation des données plus adaptées aux Systèmes de Gestion de Bases de Données (SGBD).

Pour passer du modèle conceptuel au modèle logique, on applique les règles de transformation, La démarche suivie consiste à :

- Transformer les entités en des tables tout en gardant les différents attributs,
- Transposer les associations n-aire,
- Mettre en place les contraintes d'intégrité fonctionnelle,
- Eliminer les attributs multivalués.

En appliquant cette démarche, nous avons abouti au résultat suivant (**Figure.16**) :

Chapitre II

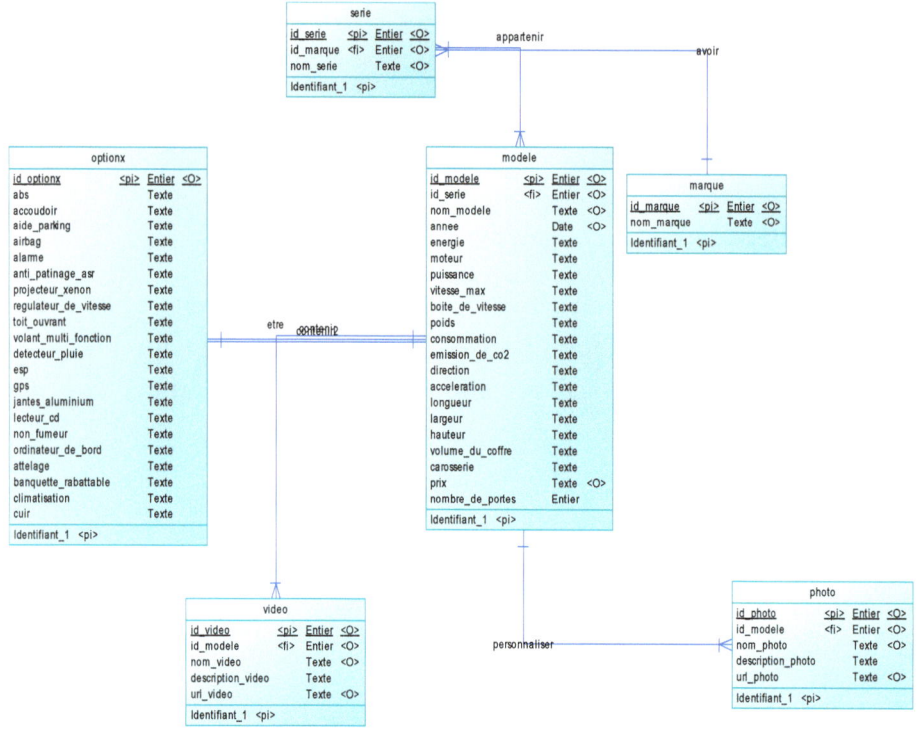

Figure 16. Le modèle logique de données MLD de la base de données des voitures

c. L'implémentation de la base de données

Après avoir configure le serveur Apache sous EasyPHP, il faut passer à l'implémentation de la base de données requise, il s'agit de la traduction du modèle logique en script SQL, c'est-à-dire une transformation du schéma logique vers une écriture syntaxique pouvant être implémentée à l'aide d'un SGBD donné. Nous avons deux possibilités pour ce faire :

Une première méthode consiste à utiliser l'explorateur graphique PHPMyAdmin, et dans notre cas on a utilisé la deuxième méthode qui est l'outil d'administration puissant SQL Manager pour MySQL qui donne la possibilité d'accéder à une interface de navigation pour :

- Créer une ou plusieurs bases de données selon le besoin.

- Créer les tables qui doivent y exister.
- Configurer les droits d'accès aux tables.
- Faire des opérations d'insertion et de suppression du contenu des tables.
- Changer des paramètres système.
- Activer ou désactiver des options.

La génération du script SQL de la création de la base de données avec l'outil PowerAMC se fait d'une manière automatique par ce système, après on crée la base de données à l'aide de la commande SQL ; ''*CREATE DATABASE* « MaBaseDeDonnées » ;'' dans l'interface PHPMyAdmin, et on utilisera pour l'administration de cette base de données l'outil SQL Manager.

2.1.3.2. Le scénario descriptif de l'architecture client/serveur dans notre projet

Cette partie est réservée à l'explication de la communication client-serveur qu'on a établie dans notre projet.

a. Cas d'utilisation

Maintenant qu'on a la base de données créée et sise sur le serveur MySQL, et avant de passer à la conception UML de la partie client Android, les questions qui se posent sont les suivantes :

- Comment notre application Android (client) pourra communiquer avec le serveur ?
- Comment elle pourra extraire les données cohabitant dans la base de données sur le serveur ?
- Comment elle pourra afficher ces données dans l'interface de l'utilisateur ?

> *Ce sont les objets qu'on va manipuler dans cette partie, l'objectif de celle-ci est de décrire le scénario général de la communication entre le client Android et le serveur, et les mécanismes d'échange de données entre les deux !*

Eléments de réponse :

- Le serveur doit extraire les données de la base de données et générer un flux de ces données sous format XML,
- L'application Android va chercher ces données dans le serveur en envoyant une demande à l'aide d'un protocole http[18],
- Ces données seront traitées par la suite dans notre application et les afficher dans l'interface utilisateur.

Pour se faire et comprendre ces mécanismes, voici un schéma descriptif de l'architecture client-serveur du projet (**Figure.17**) :

---

[18] L'HyperText Transfer Protocol HTTP est un protocole de la couche application. Il peut fonctionner sur n'importe quelle connexion fiable, dans les faits on utilise le protocole TCP comme couche de transport. Un serveur HTTP utilise alors par défaut le port 80. Les clients HTTP les plus connus sont les navigateurs Web permettant à un utilisateur d'accéder à un serveur contenant les données.

Chapitre II

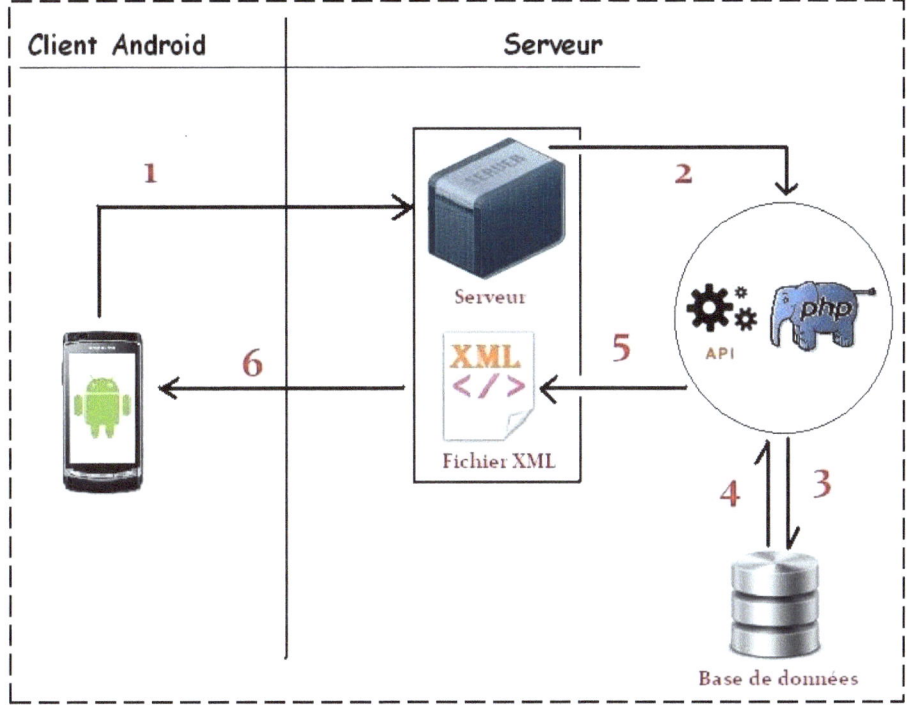

Figure 17. Le schéma du scénario de communication client Android-serveur

Le scénario de communication client-serveur est décrit par les étapes suivantes :

❶ Le client Android envoie une commande httpClient au serveur,

❷ Le serveur appelle l'API PHP,

?	flux.xml	31-May-2012 09:21	7.2K
?	gestion_xml.php	23-May-2012 16:43	11K

Gestion_xml.php /*cette API qu'on a développée est un script PHP, qui attaque la base de données sur le serveur MySQL pour en extraire les données et les transforme en un flux de données sous format XML, la classe principale qu'on a utilisé dans ce script est la classe DOM

(Document Object Modele), c'est est un langage de balaises qui ressemble fortement au langage HTML.

Flux.xml /* ce fichier XML est créé par le biais du script *gestion_xml.php*, qui contient les données extraites de la base de données, elles sont organisées d'une manière hiérarchique sous format d'arbre, la racine étant ''voiture'', et les autres (marque, série, modèle, optionx, photo, vidéo) sont ses fils balaises, voici une description schématique de ce fichier (**Figure.18**) :

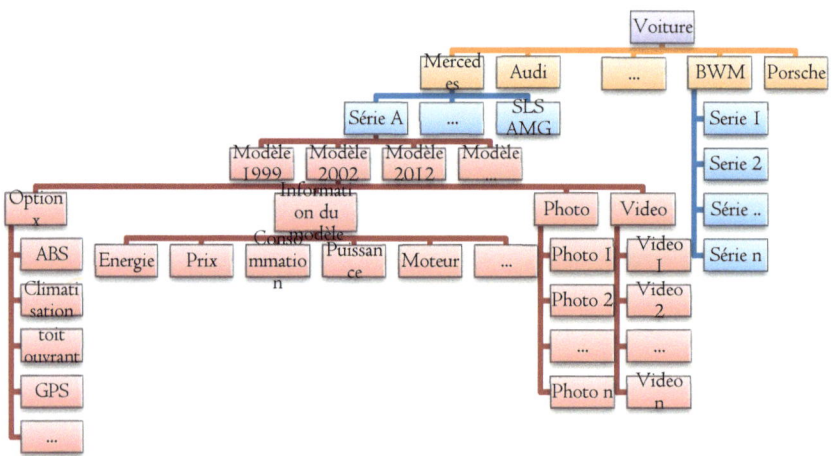

Figure 18. L'arbre de données en format XML

❸ L'API PHP se connecte à la base de données MySQL, et sélectionne les données qui se trouvent dedans.

❹ La base de données MySQL envoie une réponse à l'API PHP avec des données.

❺ L'API PHP transforme ces données en un flux de données sous format XML, voici le résultat de cette transformation en l'occurrence le fichier XML :

```xml
<voiture>
  <marque>
    <id_marque>1</id_marque>
    <nom_marque>mercedes</nom_marque>
    <serie>
      <id_serie>1</id_serie>
      <id_marque>1</id_marque>
      <nom_serie>Classe A</nom_serie>
      <modele>
        <id_modele>1</id_modele>
        <id_serie>1</id_serie>
        <nom_modele>Classe A-W168</nom_modele>
        <annee>1997-01-01</annee>
        <energie>diesel</energie>
        <moteur>2.0L</moteur>
        <puissance>40Ch</puissance>
        <vitesse_max>160Km/h</vitesse_max>
        <boite_de_vitesse>Manuelle</boite_de_vitesse>
        <poids>1T</poids>
        <consommation>7L/100Km</consommation>
        <emission_de_co2>2%</emission_de_co2>
        <direction>Assistée</direction>
        <acceleration>7Km/s</acceleration>
        <longueur>2m</longueur>
        <largeur>1.5m</largeur>
        <hauteur>1.5m</hauteur>
        <volume_du_coffre>60(m*m*m)</volume_du_coffre>
        <carosserie>Simple</carosserie>
        <prix>1000£</prix>
        <nombre_de_portes>4</nombre_de_portes>
        <optionx>
          <id_optionx>1</id_optionx>
          <id_modele>1</id_modele>
          <sys_abs>oui</sys_abs>
          <accoudoir>oui</accoudoir>
          <aide_parking>oui</aide_parking>
          <airbag>oui</airbag>
          <alarme>oui</alarme>
          <anti_patinage_asr>non</anti_patinage_asr>
```

Figure 19. Le fichier XML de données

❻ Notre application Android reçoit la réponse http du serveur, et va traiter ce fichier XML (**Figure.19**) pour afficher ces informations dans l'interface utilisateur de la manière qu'on souhaite.

Tout le développement de l'application Android va principalement interroger uniquement ce fichier XML, voici une modélisation de l'architecture client-serveur (**Figure.20**) :

Chapitre II

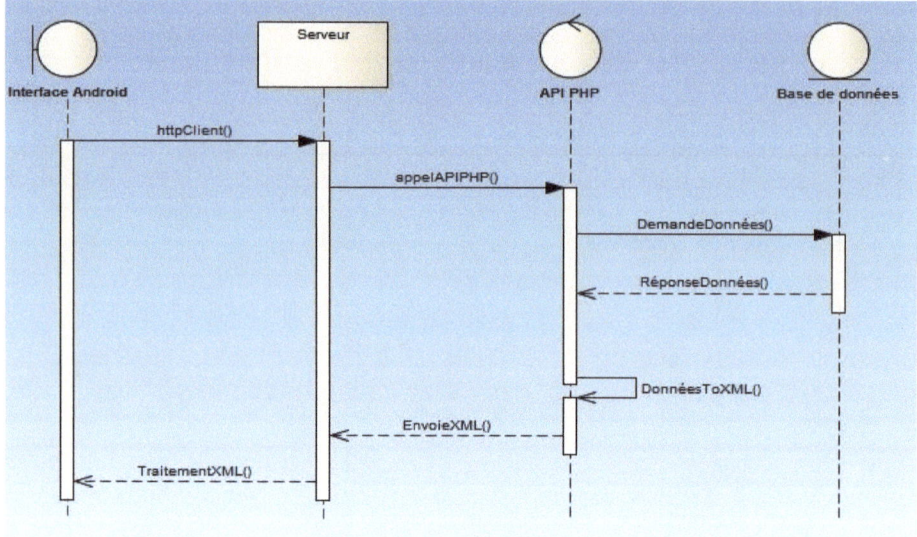

Figure 20. Le diagramme de séquences de l'architecture client-serveur

2.1.3.3. Modélisation de la partie client Android

a. Diagramme de cas d'utilisation

Dans notre application, et pour répondre au cahier de charges, on a prévu un seul acteur qui va l'exploiter, c'est l'utilisateur.

Le diagramme de cas d'utilisation de notre application est le suivant (**Figure.21**) :

Chapitre II

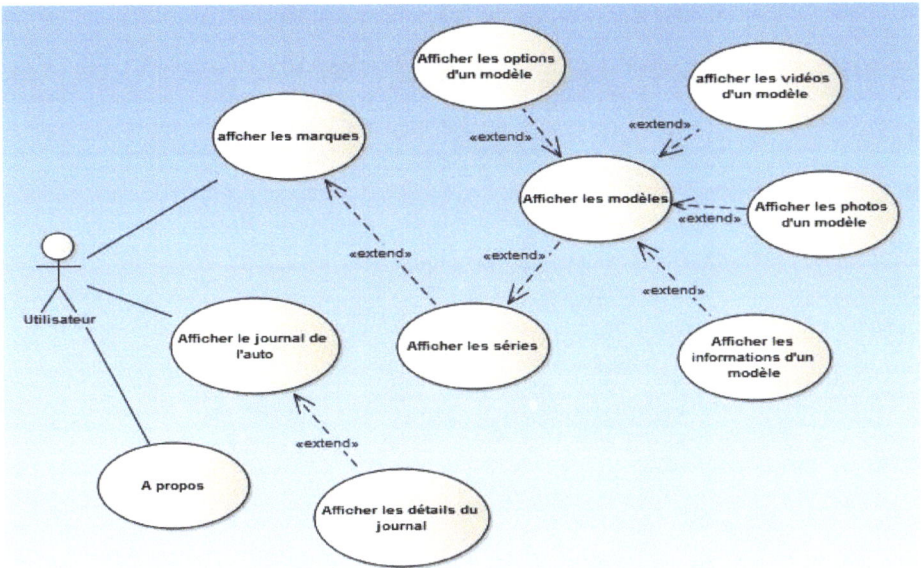

Figure 21. Le diagramme de cas d'utilisation

b. Prototypes et diagramme de séquences

Le diagramme de cas d'utilisation qu'on a construit nous donne une vision générale de l'utilisation de notre application par un utilisateur, et dans cette partie on mettra en pratique une architecture système sur les tâches élaborées dans le cahier de charge, en commençant par dresser des prototypes de l'application Android à l'aide de l'outil **Balsamiq**, ensuite construire un diagramme de séquences pour chaque cas d'utilisation (**Figure.22**).

Le prototype de l'interface d'accueil de notre application est le suivant :

Chapitre II

Figure 22. Le prototype de l'interface d'accueil de l'application

Dans cette interface on a 3 boutons principaux :

- Le bouton « **Voitures** »
- Le bouton « **Journal de l'auto** »
- Le bouton « **A propos** »

Décrivant maintenant les événements associés à ces 3 boutons :

🤖 Cas d'utilisation du bouton : « A propos »

Le clic sur le bouton « A propos » va nous amener vers une interface qui donnera des informations sur la société (site web, E-mail, numéro de téléphone, etc.) dans laquelle ce projet a été adopté, et des informations relatives au développeur de l'application (nom et prénom, E-mail).

Le scénario des deux autres boutons (Voitures et Journal de l'auto), est le plus important :

🤖 Cas d'utilisation du bouton : « Journal de l'auto »

Lorsque l'utilisateur cliquera sur ce bouton, il va être redirigé vers une interface qui affichera toutes les nouveautés dans le monde de l'automobile (Figure.23).

⇨ *Prototype du journal de l'auto :*

Chapitre II

Figure 23. Le prototype du Journal de l'auto

Le journal de l'auto comme indiqué sur la barre d'action de l'interface liste toutes les nouveautés dans le monde de l'automobile qu'il trouve sur le Net, le système télécharge toutes les données et mises à jour de l'information venant du web, c'est une interface qui est dynamique et actualisée, le mécanisme qu'on a développé ici se repose sur le principe de la lecture des flux RSS des sites web, on traite ce flux RSS sur notre applications pour en extraire les informations dont on a besoin pour l'affichage (**Figure.24**).

⇨ *Diagramme de séquences du journal de l'auto :*

Chapitre II

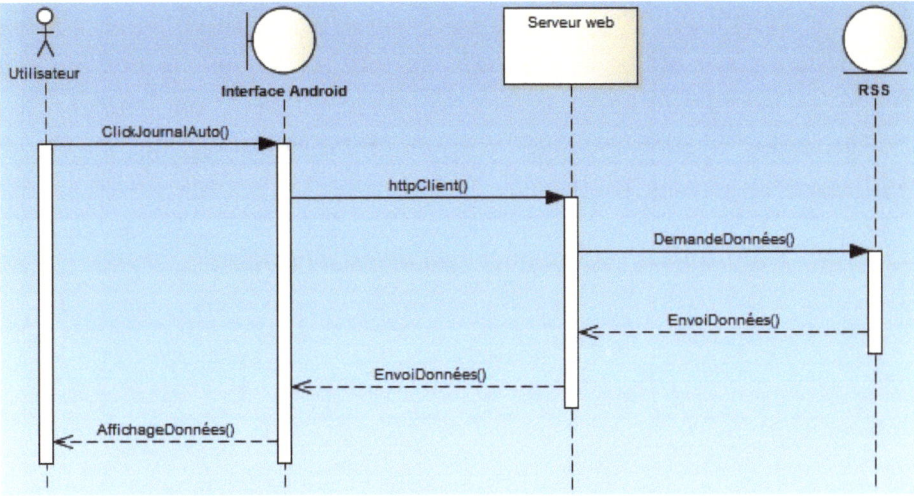

Figure 24. Le diagramme de séquence du journal de l'auto

⇨ *Prototype du journal du détail de l'info :*

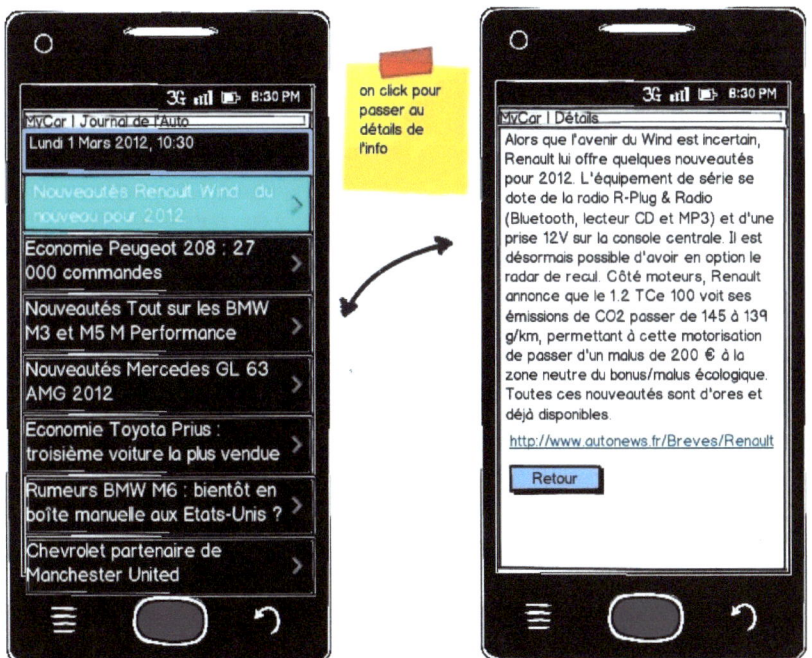

Figure 25. Le prototype du détail de l'info

Chapitre II

Lorsque l'utilisateur cliquera sur un élément d'information dans le journal de l'automobile, il sera redirigé vers une nouvelle activité qui affiche les détails de cette information avec un lien pour encore plus d'informations, le clic sur ce lien redirigera l'utilisateur vers une page web de la source (**Figure.25**).

➪ *Diagramme de séquences du détail de l'info :*

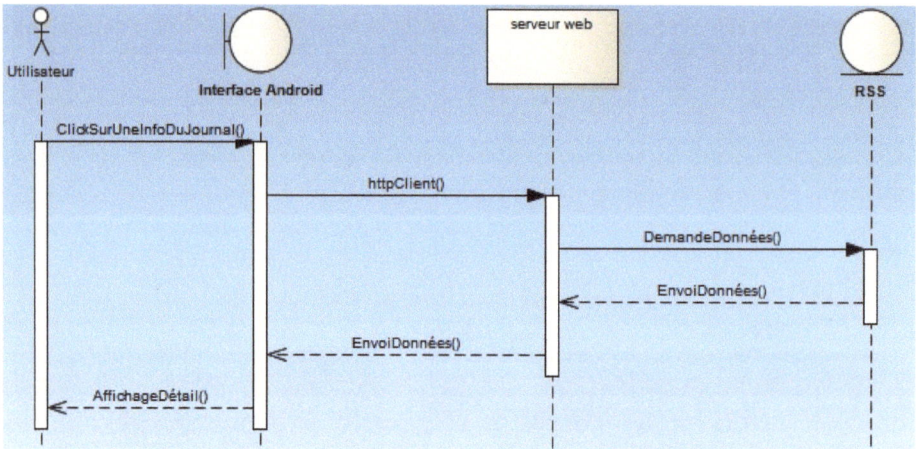

Figure 26. Le diagramme de séquences du détail de l'info

Cas d'utilisation du bouton : « Voitures »

➪ *Prototype des marques :*

Chapitre II

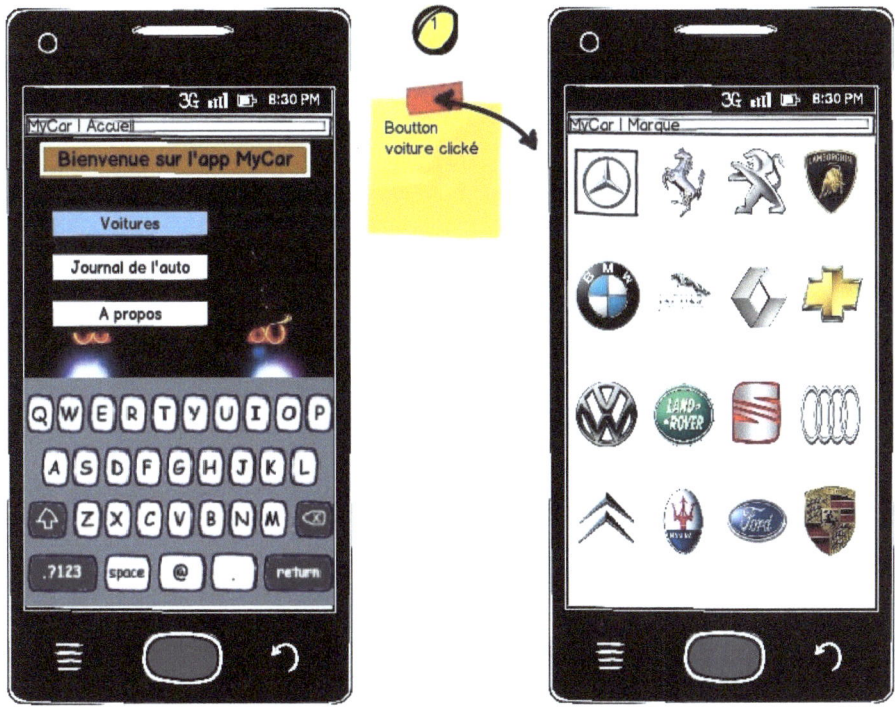

Figure 27. Le prototype des marques

Lorsque l'utilisateur cliquera sur le bouton « voitures » il sera redirigé vers une autre interface (activité) qui affichera toutes les marques (BMW, Mercedes, Audi…) (**Figure.27**).

⇨ *Prototype des séries :*

Si on sélectionne une marque dans l'interface utilisateur des marques, on va être redirigé vers une autre interface qui contient les séries de la même marque, l'utilisateur peut aussi switcher avec le doigt pour naviguer entre les différentes pages des marques disponibles, voici le cas du clic sur le bouton ''Mercedes'' (**Figure.28**) :

Chapitre II

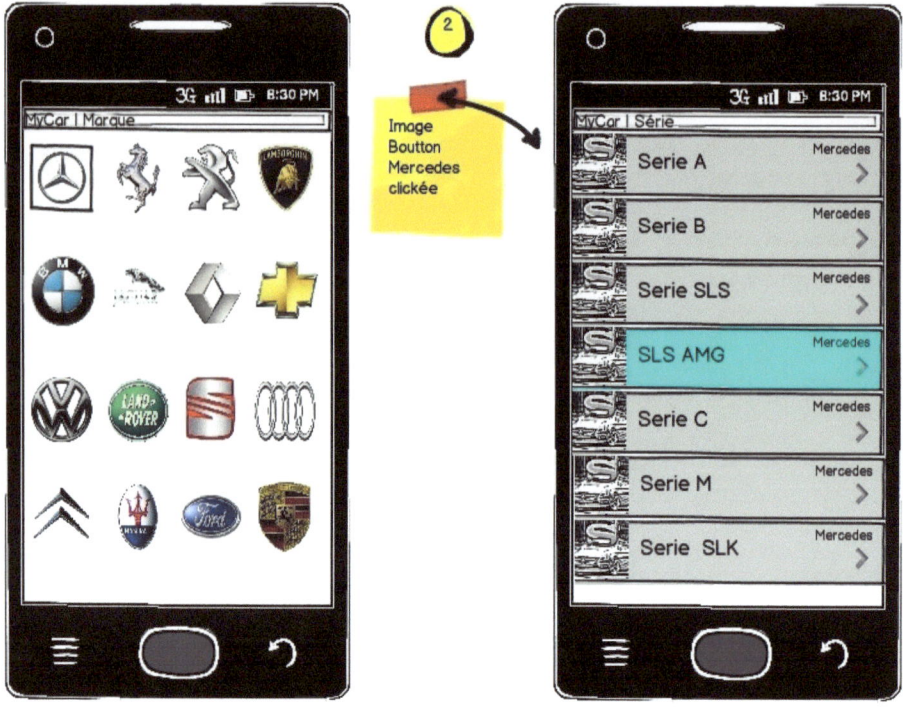

Figure 28. Le prototype série de l'interface utilisateur

⇨ *Diagramme de séquences des séries :*

Chapitre II

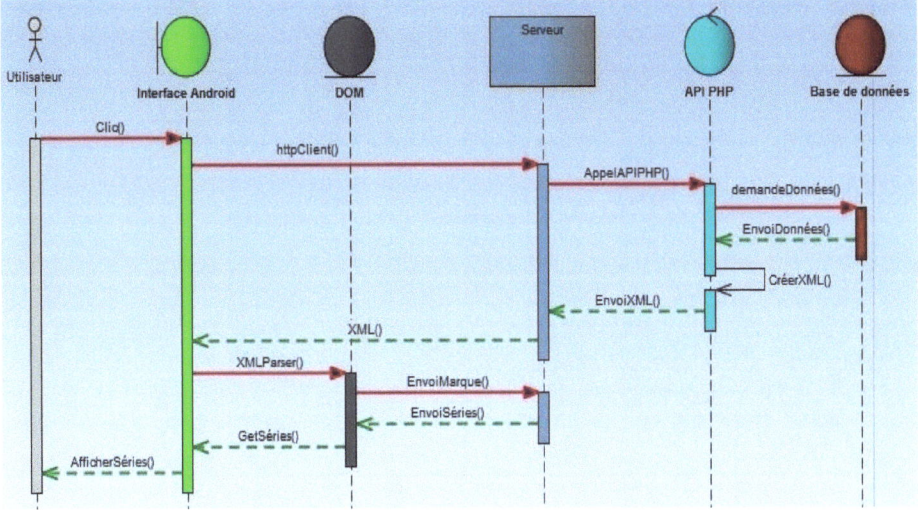

Figure 29. Le diagramme de séquences d'afficher série

⇨ *Prototype des modèles :*

Figure 30. Le prototype des séries

Si l'utilisateur cliquait sur un élément série dans la liste des séries, il serait redirigé vers une autre interface utilisateur des modèles, dans notre cas l'utilisateur sélectionne SLS AMG, donc il va démarrer une autre interface qui contient les modèles de cette série (**Figure.30**).

⇨ *Diagramme de séquences des séries :*

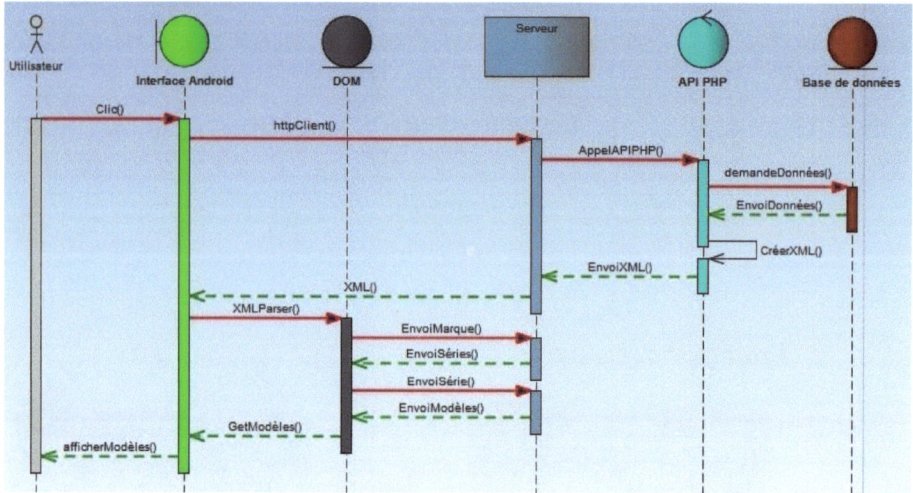

Figure 31. Le diagramme de séquences d'afficher les modèles

⇨ *Prototype des informations sur le modèle :*

Chapitre II

Figure 32. Le prototype d'afficher les informations sur le modèle

Si l'utilisateur cliquait sur un modèle, il serait redirigé vers une interface contenant quatre onglets (Info, Option, Photo, Vidéo), dans l'onglet courant l'interface affiche les informations relatives au modèle cliqué (**Figure.32**).

⇨ ***Diagramme de séquences d'afficher les informations sur le modèle :***

Chapitre II

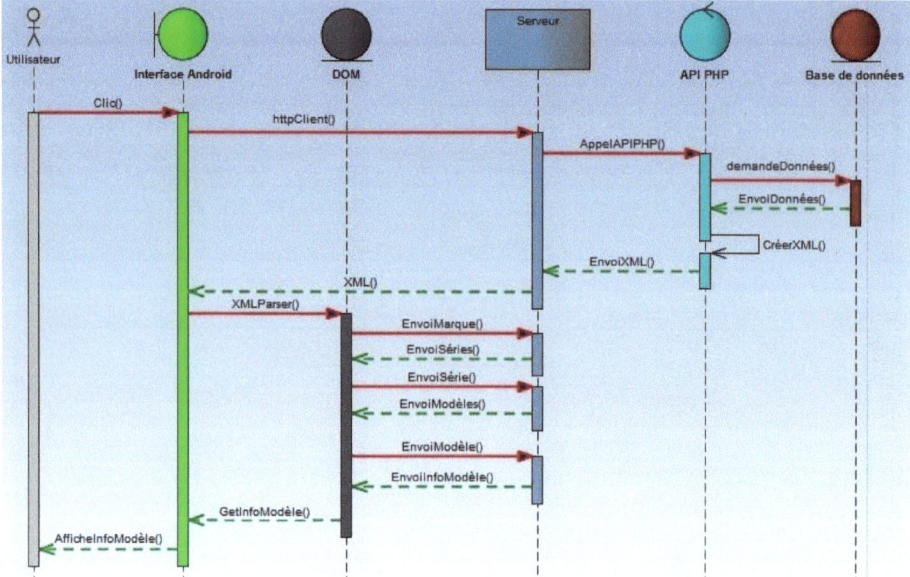

Figure 33. Le diagramme de séquences d'afficher les informations d'un modèle

⇨ *Prototype des options d'un modèle :*

Chapitre II

Figure 34. Le prototype des options d'un modèle

Si l'utilisateur sélectionnera l'onglet option, l'interface va afficher les options de ce modèle (**Figure.34**).

⇨ *Diagramme de séquences d'afficher les options d'un modèle :*

Chapitre II

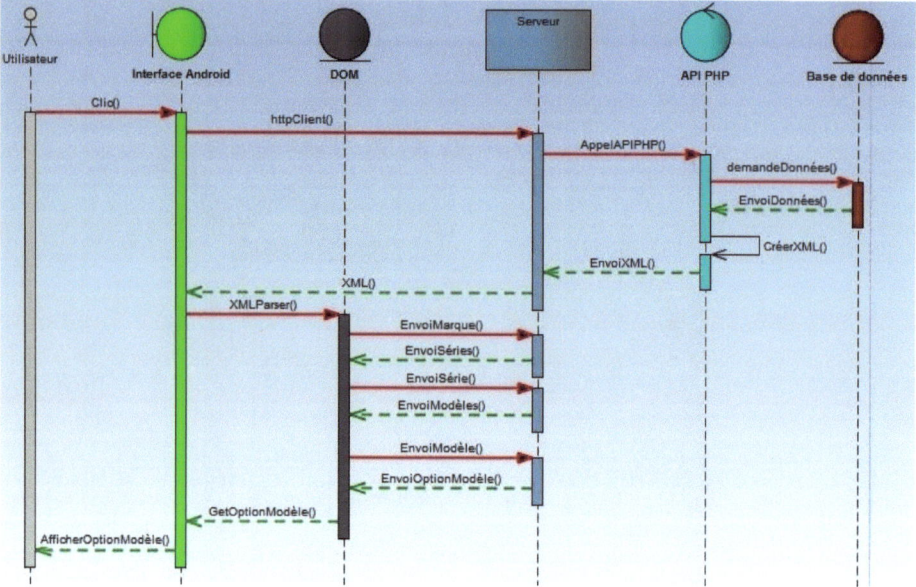

Figure 35. Le diagramme de séquences d'afficher les options d'un modèle

⇨ *Prototype des photos d'un modèle :*

Chapitre II

Figure 36. Le prototype d'afficher les photos d'un modèle

Si l'utilisateur sélectionnera l'onglet photo, l'interface va télécharger du serveur toutes les photos de ce modèle d'une manière asynchrone et les afficher (**Figure.36**).

⇨ ***Diagramme de séquences d'afficher les photos d'un modèle :***

Chapitre II

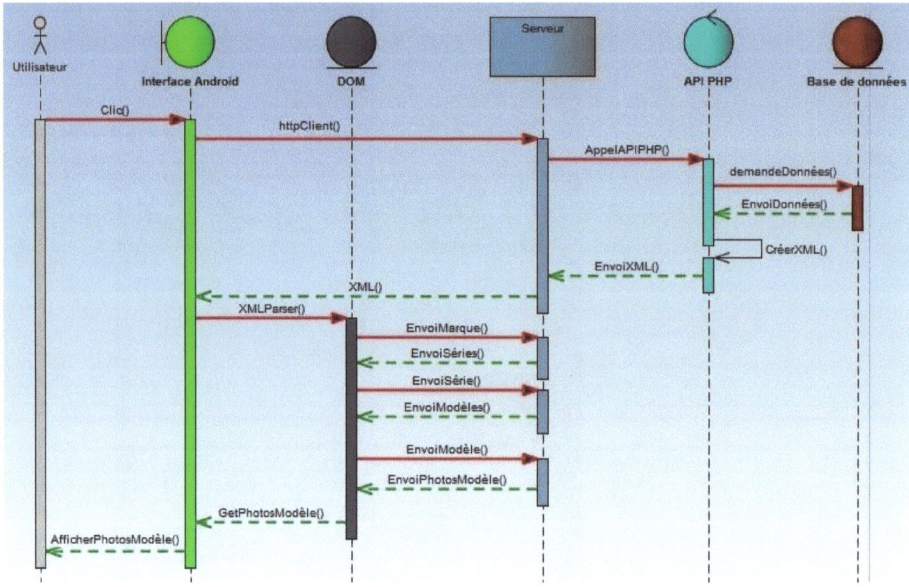

Figure 37. Le diagramme de séquences d'afficher les photos d'un modèle

Au cas où l'utilisateur cliquera sur une photo dans sa grille, elle s'affichera avec une grande taille pour une bonne illustration avec la possibilité de faire des Zoom +/-, et un 'Sliding' entre les différentes photos disponibles (**Figure.38**).

Figure 38. Les photos avec grande taille

⇨ ***Prototype des vidéos d'un modèle :***

Chapitre II

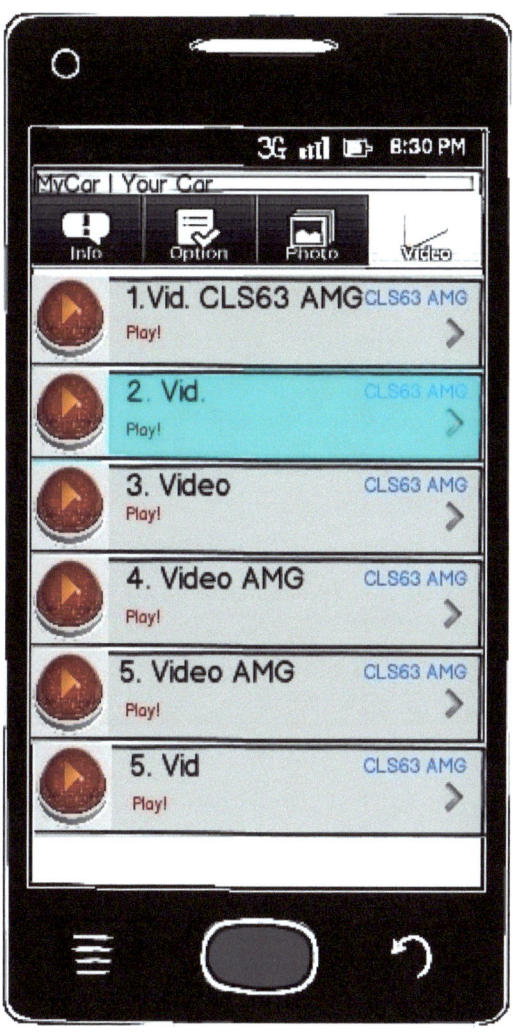

Figure 39. Le prototype de l'interface des vidéos d'un modèle

Au cas où l'utilisateur sélectionnera l'onglet des vidéos, l'interface affichera leur liste disponible pour ce modèle, la lecture de la vidéo démarrera tout en cliquant sur un contenu de cette liste (**Figure.39**).

Chapitre II

Figure 40. Lecture d'une vidéo

⇨ ***Diagramme de séquences d'afficher les vidéos d'un modèle :***

Chapitre II

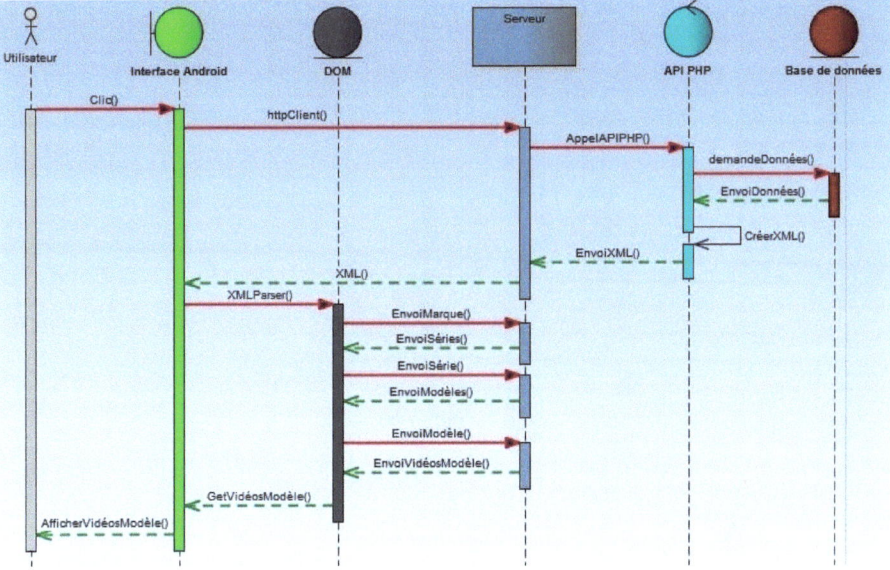

Figure 41. Le diagramme de séquence d'affichage les vidéos d'un modèle

Chapitre II

c. Diagramme de classes

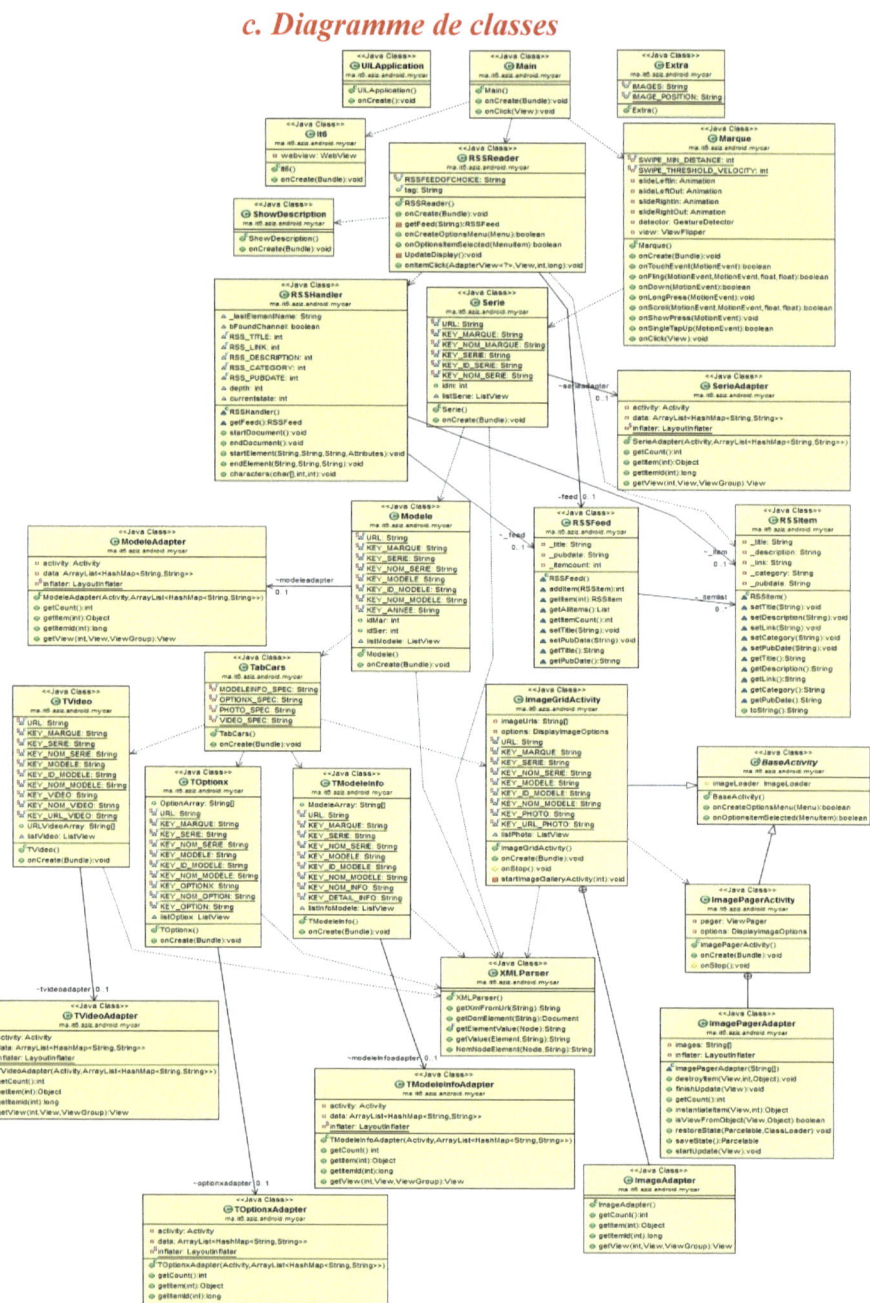

Figure 42. Le diagramme de classes

Conclusion

Le présent chapitre est une partie déterminante dans la bonne conduite de la réalisation de notre projet, c'est une partie d'études, de conception, de design et de modélisation de l'application Android qui nous aide à mieux organiser nos données et qui facilite la tâche du développement, dans le chapitre suivant, on va réaliser notre application.

CHAPITRE III

Réalisation de l'Application Android

Introduction

Ce chapitre sera consacré à la réalisation de l'application Android, et présenter ses fonctionnalités qui ont été développées et testées, il décrit les différentes interfaces qui implémente ces fonctionnalités.

3.1. Présentation générale de l'application Android

Notre projet est une application Android que nous avons développé au profit de la société Microsoft, dans le but de répondre aux besoins spécifiques déclarés au niveau du troisième chapitre. Et ceci par la création d'un système complet qui se repose sur une architecture client-serveur.

Une propriété importante de cette application Android est l'évolutivité et l'extensibilité, et la possibilité de collecter et chercher les mises à jour automatiquement. Cette application est conçue pour traiter et analyser et afficher des données organisés suivant le modèle conceptuel de données : l'ensemble des informations est stocké dans une base de données unique, assurant ainsi la centralisation des données, la rigueur dans la gestion des bases de données et surtout la sécurité et l'intégrité des données.

Notre application est caractérisée par sa flexibilité, dans le sens où elle s'adapte aux différents environnements dans lesquels elle se trouve : elle peut s'installer sur une multitude de terminaux mobiles équipés du système Android. Cette propriété est assurée grâce à son code source solide.

De plus, nous avons effectué une gestion d'exceptions intégrale tout au long du code source, ceci offre une stabilité considérable à notre application. Également, notre application est extensible, dans la mesure où son code source peut être mis à jour. Cet avantage est atteint grâce à la modularité qui caractérise ce dernier, à la hiérarchie qui facilite sa compréhension et aux commentaires que nous avons écrits pour donner plus de lisibilité au code source.

3.2. La gestion des exceptions

Une bonne application doit être stable, c'est-à-dire qu'elle doit être capable de gérer l'inattendu.

Au cours du développement de cette application, quel que soit notre façon d'implémenter les mécanismes permettant d'éviter les erreurs d'exécution, nous ne serons pas à l'abri de celles-ci, car les possibilités sont illimitées. Ce fait, nous empêche d'imaginer tous les cas de figures des événements imprévus et des exceptions qui peuvent arriver à cause d'une erreur au niveau du code sources de l'application ou même un manque de ressources requises.

À titre d'exemples :

- Si l'application ne trouve plus de connexion internet, elle affichera un message d'erreur et demandera à l'utilisateur de se reconnecter et de vérifier ses réglages ou de revenir dans quelques instants.
- Si l'application ne trouve plus d'espace mémoire suffisant sur le système de fichier du terminal, elle informera l'utilisateur.
- Elle demandera d'insérer la carte mémoire pour plus de mémoire en cas d'insuffisance de mémoire.
- Si le cache est insuffisant pour le stockage.

Donc la gestion des exceptions est indispensable au cours du développement de n'importe quelle application qualifiée comme solide.

3.3. Les fonctionnalités de l'application Android

En lançant l'application, une interface d'accueil va être affichée. Il s'agit d'une vue générale permettant d'accéder aux différents services que l'application est capable d'offrir.

Ces services sont classés en deux catégories principales :

- Les fonctionnalités de base : les voitures
- Les services supplémentaires : le journal de l'automobile

3.3.1. Les fonctionnalités de base

Cette application présente un contenu hiérarchique et ordonné des objets voiture, elle offre des possibilités tel que :

- Naviguer par marque
- Naviguer par Série
- Afficher tous les modèles d'une série
- Afficher les différentes informations sur un modèle
- Afficher toutes les photos d'un modèle
- Afficher et regarder des vidéos d'un modèle

Pour présenter ce contenu, l'application Android se connectera sur un serveur distant, elle envoie un protocole http client pour tirer des données, ensuite elle traite ses données d'une manière asynchrone et les affiche en même temps sur l'interface utilisateur avec des belles vue et un graphique bien étudié.

3.3.1. Les services supplémentaires

Nous avons décidé d'ajouter des services supplémentaires. Il s'agit d'un ensemble de services offrant à l'application plus de vivacité. Ces services sont fournis sous formes des boutons qui résident en dessous du bouton « voiture » de l'interface de la page d'accueil. En cliquant sur un bouton on peut accéder au service correspondant.

Nous décrivant dans ce qui suit les différents boutons de services :

« Journal de l'auto » :

La présente application propose aussi de rechercher sur le web des nouveautés dans le monde de l'automobile, que ça soit de nouvelles séries, des nouveaux modèles, des sorties prochaines, des tests des voitures, l'industrie automobile, des offres, des publicités, et tout ce qui peut intéresser les utilisateurs.

Ce contenu qu'elle présente se mettra à jour automatiquement, et dès qu'elle trouve une nouvelle, elle l'affichera directement dans l'interface utilisateur.

Ce système de recherches des mises à jour que nous avons développé se base sur la lecture des flux RSS des sites web, il est capable de traiter et analyser ces flux de données et extraire les informations dont on a besoin, et c'est le point fort de ce système, il est tout le temps fonctionnel et respecte des normes et des règles que présentent les RSS.

Le RSS (terme anglais « *Rich Site Summary* ») est une famille de formats de données basés sur XML et utilisés pour la syndication de contenu Web.

Trois formats peuvent être désignés par ces initiales :

- Rich Site Summary (RSS 0.91)

- RDF Site Summary (RSS 0.90 et 1.0)
- Really Simple Syndication (RSS 2.0)

Un flux RSS est une ressource Web dont le contenu est produit automatiquement (sauf cas exceptionnels) en fonction des mises à jour d'un site Web. Les flux RSS sont souvent utilisés par les sites d'actualité et les blogs pour présenter les titres des dernières informations consultables en ligne, voici un exemple de flux RSS (Richards, 2006) (**Figure.43**) :

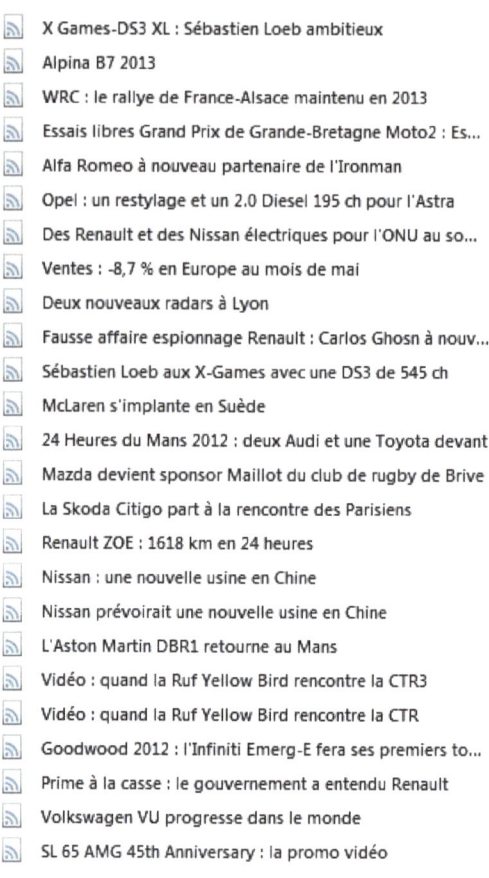

Figure 43. Le flux RSS

« A propos » :

Il permet d'afficher une représentation générale de la société dans laquelle le projet a été adopté, et des informations aussi sur le développeur de l'application.

Dans la première partie de ce chapitre nous avons essayé de fournir une description générale de l'application que nous avons développée. Dans la partie suivante nous abordons l'étape ultime à savoir les tests et la validation.

Chapitre III

3.4. Test de l'application Android

Pour n'importe quelle application, l'étape de développement doit être suivie impérativement par une étape de tests pour vérifier son fonctionnement réel. Pour notre cas la règle s'applique également. Dans cette section, nous montrons les différents tests effectués pour valider notre projet, ils ont été réalisés sur un vrai terminal Android.

L'interface d'« Accueil »

Figure 44. L'interface d'Accueil

C'est l'interface principale de notre application (Figure.44), l'utilisateur peut choisir entre trois options fondamentales :

- *Voitures*
- *Journal Auto*
- *A propos*

L'interface « Journal Auto »

Figure 45. L'interface Journal Auto

Cette interface (**Figure.45**) affiche les informations récupérées du web, remarquez bien qu'elle présente le même contenu que le flux RSS de la **Figure 43**. Le clic sur un élément titre du journal vous redirige vers une autre interface de détail, pour plus d'informations :

- **L'interface « Détail »**

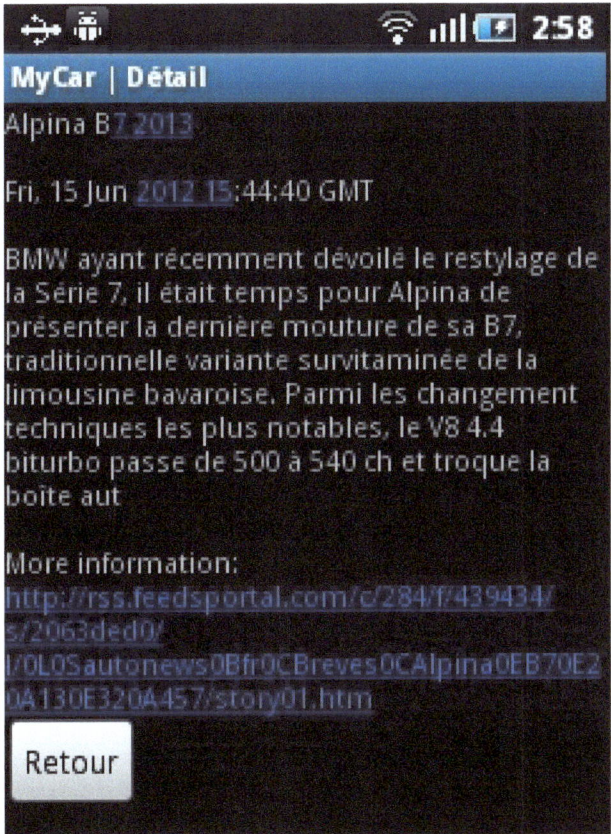

Figure 46. L'interface Détail

En cliquant sur le titre ``*'Alpina B7 2013*'', On sera redirigé vers cette interface (**Figure.46**) qui affiche le détail de cette information, elle présente aussi un lien (en bleu) qui ouvre une page web pour encore plus de détails, et un bouton « Retour », pour revenir au journal de l'auto.

• L'interface « Marque »

Si l'utilisateur clique sur le bouton « *voitures* », il sera redirigé vers une interface qui affiche toutes les marques disponibles, il a aussi la possibilité de naviguer entre les différents pages représentants celle-ci, ce sont des boutons 'Marque' qui redirige vers une vue qui affiche les séries de la marqué cliquée (**Figure.47**).

Figure 47. L'interface Marque

• L'interface « Série »

Chapitre III

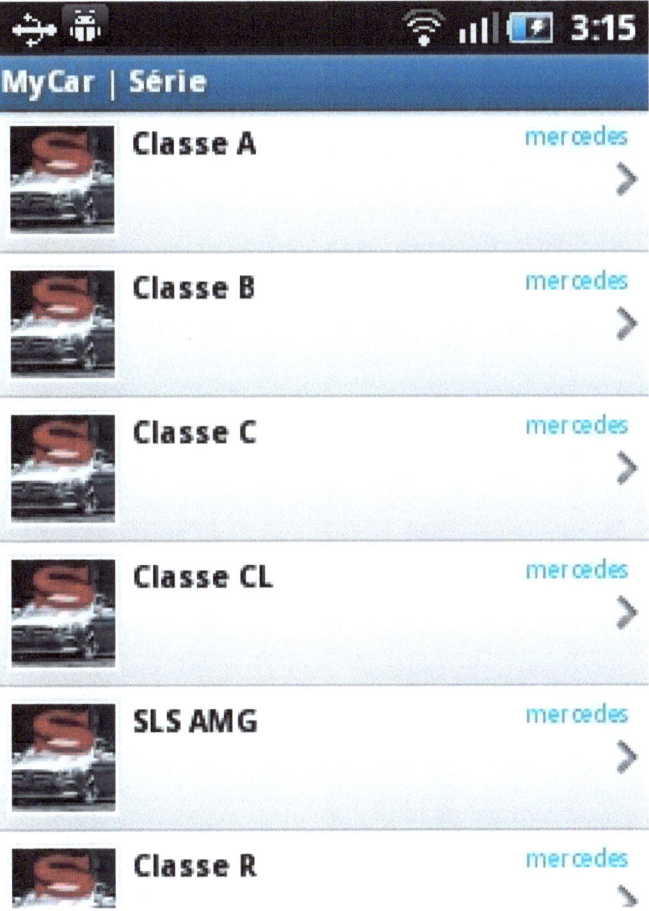

Figure 48. L'interface Série

La présente interface affiche toutes les séries de la marque Mercedes en cliquant sur celle-ci, elle présente le nom de chaque série à droite de l'image, avec la référence Mercedes en haut et à droite (en bleu), cette vue est dynamique, et se change en fonction de la marque cliquée, ces informations sont récupérées du serveur (**Figure.48**).

- **L'interface « Modèle »**

En cliquant sur l'élément séric « Classe A » de la Mercedes, le client Android recherche sur le serveur tous les modèles disponibles de celle-ci, et les affiche dans l'interface Modèle (**Figure.49**), cette vue présente le nom du modèle de la même série en haut à droite de l'image avec l'année de production juste en bas, et garde toujours la référence de la série sélectionnée par l'utilisateur en haut à gauche (en bleu), cette interface est dynamique et change de vue en fonction de ce qu'on veut afficher comme information :

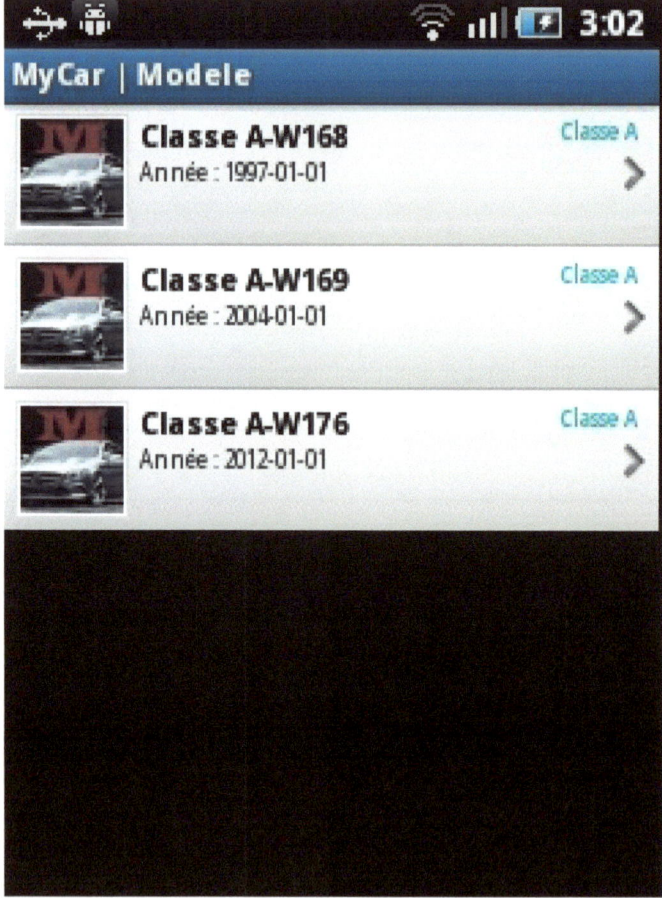

Figure 49. L'interface Modèle

- **Interface Your Car : onglet « Info »**

En cliquant sur l'élément modèle « Classe A-W176 », on sera redirigé vers une interface des onglets propres à ce modèle, elle affiche un nombre de quatre, le premier affiché par défaut est celui des « Info », ces informations sont récupérées du serveur, la vue est toujours dynamique et garde la référence du modèle sélectionné (**Figure.50**) :

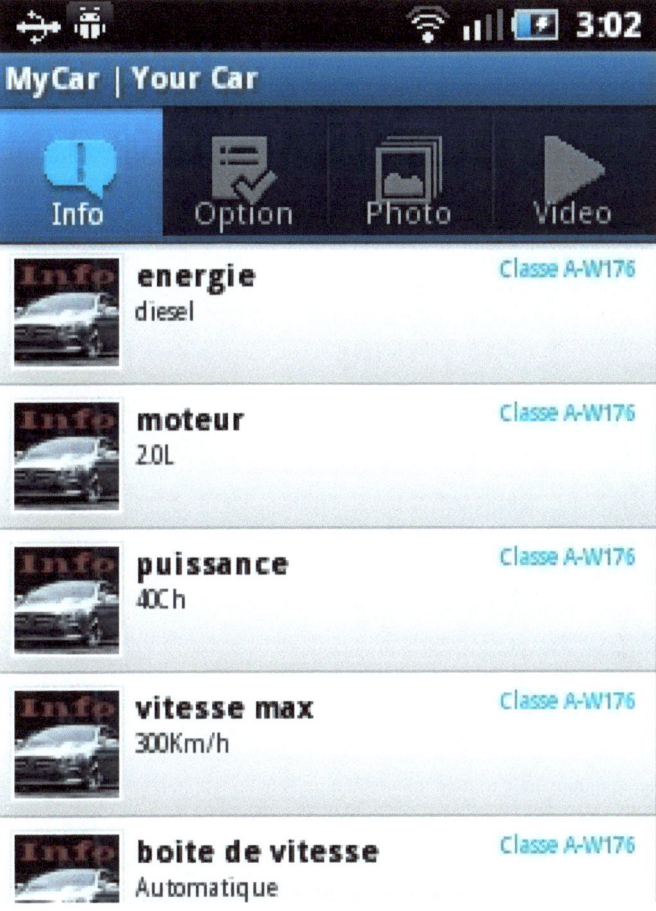

Figure 50. L'interface Info

- **Interface Your Car : onglet « Option »**

Chapitre III

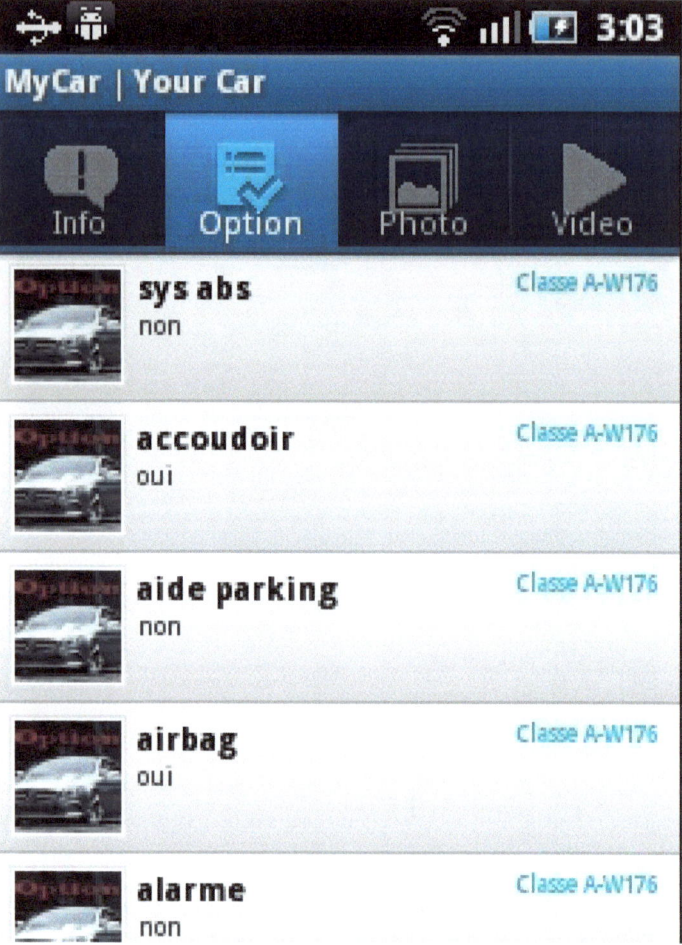

Figure 51. L'interface Option

En reste toujours dans l'élément modèle « Classe A-W176 », et si on sélectionne l'onglet « Option » l'interface affichera les options du même modèle, ces informations sont récupérées du serveur, la vue est toujours dynamique et garde la référence du modèle sélectionné (**Figure.51**).

- **Interface Your Car : onglet « Photo »**

En est toujours dans l'élément modèle « Classe A-W176 », et si on sélectionne l'onglet « Photo » l'interface affichera les photos du même modèle, elles sont téléchargées du serveur (**Figure.53**).

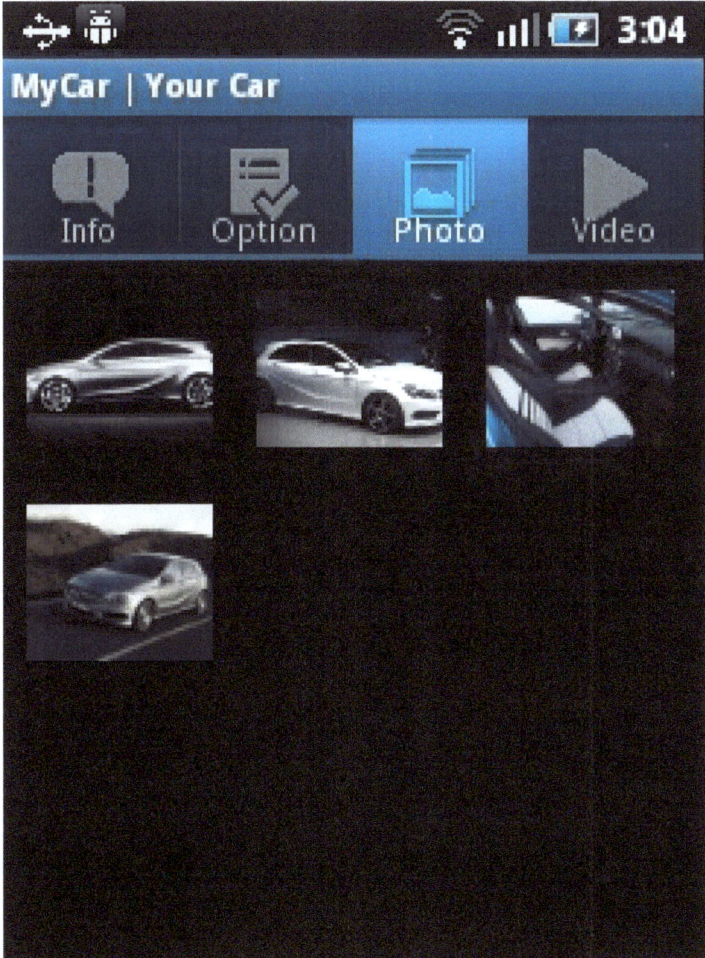

Figure 52. Interface Photos

Figure 53. L'interface Photo

- **<u>Interface Your Car : onglet « Video »</u>**

En est toujours dans l'élément modèle « Classe A-W176 », et si on sélectionne l'onglet « Video » l'interface affichera les vidéos du même modèle, elles sont téléchargées du serveur, la vue est toujours dynamique et garde la référence du modèle sélectionné (**Figure.54**).

Chapitre III

Figure 54. L'interface Vidéo

Conclusion

Après avoir terminé l'intégralité des tests avec succès, nous pouvons affirmer que l'application Android que nous avons développé fonctionne correctement et elle est capable de satisfaire la totalité des besoins requis.

CONCLUSION ET PERSPECTIVES

Ce projet fut une riche expérience car il nous a permis de vivre de plus près les problèmes et les différentes difficultés techniques que peut rencontrer tout ingénieur dans l'exercice de ses fonctions. Ainsi que de concrétiser et d'approfondir l'ensemble de nos connaissances récoltées pendant nos années de formation et d'approcher le milieu professionnel dans le but de facilité notre intégration.

Il a été pour nous une occasion pour tester la qualité de notre formation d'une part, et d'autre part d'améliorer nos connaissances techniques et surtout de nous familiariser avec le monde du travail.

Pour l'élaboration de l'application Android, nous avons commencé par étudier la problématique et élaborer le cahier de charges suivant les besoins communiqués.

Par la suite, nous avons entamé les autres phases liées à la gestion de projet en commençant par la découverte de la plateforme Android et l'étude de différentes technologies et outils, la phase de conception consistait à détailler les fonctionnalités éventuelles afin de mettre en place une modélisation évolutive du système. La phase de réalisation a porté sur la création de la base de données et le développement des interfaces utilisateur en répondant au besoin client. L'élaboration a été clôturée par des tests pour assurer le bon fonctionnement de l'application.

Cependant, le présent projet pourra être soumis à plusieurs améliorations, à citer l'ajout de nouvelles fonctionnalités, développer une application web en HTML et PHP pour administrer la base de données à distance (ajouter, modifier et supprimer un objet), nous avons aussi l'intention de développer le coté interactif de l'application avec les utilisateurs ; créer un forum de discussion et permettre de publier des commentaires sur les photos et les vidéos, permettre aussi à l'utilisateur de s'authentifier et lui réservé un espace personnel d'échanges avec les mobinautes connectés.

Et voilà « *Dans un monde aux dimensions multiples qui évolue et où les tendances contradictoires se juxtaposent et s'inversent très vite, être bon ne suffira plus, être meilleur deviendra nécessaires* ». Ce qui explique que le besoin de changement de rapidité et de rendre les services accessibles, devient de plus en plus nécessaires dans un monde où l'utilisation des nouvelles techniques est devenue indispensable.

BIBLIOGRAPHIE ET WEBOGRAPHIE

ABLESON, W., SEN, R., & KING, C. (2011). *Android in Action.* Manning Publications Co.

developer.android.com. (s.d.). *Android Developers.* (Google, Éditeur) Consulté le Mars 9, 2012, sur http://developer.android.com/guide/developing/debugging/ddms.html

developer.android.com. (s.d.). *Android Developers.* (Google, Éditeur) Consulté le Février 20, 2012, sur http://developer.android.com/reference/android/app/Activity.html

developer.android.com. (s.d.). *Android Developers.* (Google, Éditeur) Consulté le Mai 10, 2012, sur http://developer.android.com/guide/developing/tools/logcat.html

developer.android.com. (s.d.). *Android Developers.* (Google, Éditeur) Consulté le Févier 22, 2012, sur http://developer.android.com/guide/developing/tools/emulator.html

developer.android.com. (s.d.). *Android Developers.* (Google, Éditeur) Consulté le Février 10, 2012, sur http://developer.android.com/sdk/installing.html

developer.android.com. (s.d.). *Android Developers.* (Google, Éditeur) Consulté le Février 15, 2012, sur http://developer.android.com/guide/basics/what-is-android.html

Bibliographie et Webographie

developer.android.com. (s.d.). *Android Developers*. (Google, Éditeur) Consulté le Février 09, 2012, sur http://developer.android.com/sdk/eclipse-adt.html

Espiau, F. (2012, Mai 10). *Android*. (S. d. Zéro, Éditeur) Consulté le Février 26, 2012, sur Site du Zéro: http://www.siteduzero.com/tutoriel-3-554365-1-univers-android.html

Guilizzoni, P. (2008, Mars 18). *Balsamiq Mockups*. (Balsamiq, Éditeur) Récupéré sur Balsamiq: http://www.balsamiq.com/

http://fr.wikipedia.org/w/index.php?title=Android&action=history. (2012, juin 7). *Android*. (l. l. Wikipédia, Éditeur) Consulté le Février 08, 2012, sur http://fr.wikipedia.org/w/index.php?title=Android&oldid=79552323

http://fr.wikipedia.org/w/index.php?title=Unified_Modeling_Language&action=history. (2012, Mai 9). *Unified Modeling Language*. (Wikipédia, Éditeur) Consulté le Février 15, 2012, sur http://fr.wikipedia.org/w/index.php?title=Unified_Modeling_Language&oldid=79206915

http://fr.wikipedia.org/w/index.php?title=Unified_Modeling_Language&action=history. (2012, Mai 29). *Unified Modeling Language*. (Wikipédia, Éditeur) Consulté le Février 15, 2012, sur http://fr.wikipedia.org/w/index.php?title=Unified_Modeling_Language&oldid=79206915

http://www.eclipse.org. (s.d.). *Eclipse Downloads*. (Eclipse, Éditeur) Consulté le Février 4, 2012, sur http://www.eclipse.org/downloads/

L. Murphy, M. (2009). *L'art du développement Android*. (É. Jacoboni, & A. Farine, Trads.) Pearson Education France.

php.net. (s.d.). *PHP*. (PHP, Éditeur) Consulté le Février 27, 2012, sur PHP: http://www.php.net/

Richards, R. (2006). *Pro PHP XML and Web Services.* Apress.

Rogers, R., Lombardo, J., Mednieks, Z., & Meike, B. (2009). *Android Application Development* (éd. O'Reilly). (A. Oram, Éd.) O'Reilly books.

Sayed Y. Hashimi, S. K. (2010). *Pro Android 2.* Apress.

W3Schools. (s.d.). *W3Schools.* (W3Schools, Éditeur) Consulté le Mars 10, 2012, sur W3Schools: http://www.w3schools.com/dom/default.asp

Auteur : Aziz OUABBOU
Conception et Développement d'une Application Mobile sur la Plateforme Android pour la Consultation des Informations sur le Marché de l'Automobile

Résumé

De nos jours, nous vivons dans un monde de plus en plus dynamique, caractérisé par des changements rapides dans tous les domaines et sur tous les niveaux, en particulier dans le secteur des nouvelles technologies de l'information et de la communication.

La nécessité d'un système évolutif qui répond à des critères de mobilité et de rapidité en termes de la consultation de l'information avec des petits bijoux très réactifs, est devenue cruciale.

Les professionnels cherchent des vecteurs de communication très puissants leurs permettant d'augmenter la visibilité et l'accessibilité de leurs produits et d'atteindre de nouveaux prospects : les mobinautes ; ce sont des nouvelles cibles dans l'action marketing des entreprises.

Développer une application mobile permet de proposer à ces utilisateurs la possibilité de consulter le contenu avec un format optimisé pour leurs terminaux, c'est à dire proposant une ergonomie de grande qualité.

De ce fait, nous nous trouvons dans l'obligation d'intégrer cet environnement évolutif, d'où l'idée de concevoir et de réaliser une application mobile sur la plateforme Android pour la gestion des voitures.

Mots clés

Application Android, service web, XML, base de données, serveur, client, communication, DOM, flux RSS.

www.ingramcontent.com/pod-product-compliance
Lightning Source LLC
Chambersburg PA
CBHW040316220526
45473CB00009B/2452